精装珍藏版

大师国学课

历史篇

钱穆 等著

中国经济出版社
·北京·

图书在版编目（CIP）数据

大师国学课：精装珍藏版.历史篇／钱穆等著.
北京：中国经济出版社，2024.8.--（中国文化经典大师说）.-- ISBN 978-7-5136-7866-7

Ⅰ.Z126-49
中国国家版本馆 CIP 数据核字第 202490VZ27 号

责任编辑　张　丽
责任印制　马小宾
封面设计　平　平

出版发行　中国经济出版社
印 刷 者　北京鑫益晖印刷有限公司
经 销 者　各地新华书店
开　　本　880mm×1230mm　1/32
印　　张　8.5
字　　数　190 千字
版　　次　2024 年 9 月第 1 版
印　　次　2024 年 9 月第 1 次印刷
定　　价　68.00 元
广告经营许可证　京西工商广字第 8179 号

中国经济出版社 网址http://epc.sinopec.com/epc/社址 北京市东城区安定门外大街58号 邮编100011
本版图书如存在印装质量问题，请与本社销售中心联系调换（联系电话：010-57512564）

版权所有　盗版必究（举报电话：010-57512600）
国家版权局反盗版举报中心（举报电话：12390）　　服务热线：010-57512564

我们站立在高高的山巅，化身为一望无边的远景，

化成面前的广漠的平原，化成平原上交错的蹊径。

哪条路，哪道水，没有关联，

哪阵风，哪片云，没有呼应；

我们走过的城市、山川，都化成了我们的生命。

……

我们随着风吹，随着水流，

化成平原上交错的蹊径，化成蹊径上行人的生命。

——冯至

编者的话

这是一套面向年轻读者普及优秀国学文化的简明读本，涵盖中国传统文化各个方面，分为八册：国学篇、哲学篇、历史篇、美学篇、国文篇、读书与做人篇、诗词鉴赏篇、文字学启蒙篇。

本系列图书力求从前辈文化大师的经典文章中撷取精华，帮助读者在各个方面对中国文化有一个框架化的认识，并将大师们最富活力和创造力的知识与人生智慧应用于现代读者的日常生活、工作和学习之中。

更重要的是，这套书将带领读者穿越时间的阻隔，接续悠久而厚重的文明脉络，探寻中国人的文化基因，领略优雅、博大、充满思辨精神和生命智慧的传统文化之美……

因写作和出版时代较为久远，本书所选篇目中的一些遣词造句、古今人名、地名、译名等与现代通行出版规范有所不同，一些语法表述及标点符号的使用也有些微差异，为照顾现代读者的阅读体验，在编辑过程中有所改动，正文中不再注明，请读者予以谅解。

需要特别说明的是，本书所选作品，我们已经尽可能一一获取著作权。如存在因疏漏未取得著作权的情况，敬请相关权利人与我们联系，以便我们寄奉稿酬，并致谢忱！

目录

CONTENTS

001／ 国史漫谈

003　中国古代史述略——顾颉刚

017　中国史叙论——梁启超

030　中国文明的历史发展——辜鸿铭

039　历史上之人与事与理——钱　穆

047　历史与现实——傅　雷

051　考古发现与历史研究——翦伯赞

062　正史以外的诸史——翦伯赞

073　秦汉历史数学——金克木

096　风流汉武两千年——金克木

115　儒家正统地位的确立——张荫麟

119　中国历史上的军人——钱　穆

126　魏晋风度及文章与药及酒之关系——鲁　迅

141　男女关系与婚姻习惯——顾颉刚

150　跪　拜——吴　晗

153　明代的科举和绅士特权——吴　晗

157/ 华夏经纬

159　从"三皇"到"五帝"——吕思勉

169　周朝的兴起——张荫麟

174　秦国的统一之路——吕思勉

178　魏晋南北朝之长期分裂——钱　穆

180　南北朝的始末——吕思勉

188　隋朝和唐的盛世——吕思勉

192　宋朝的开国和开国规模——张荫麟

209　南宋中兴之机运——金毓黻

215　宋之灭亡——金毓黻

220　蒙古的兵力和亚欧的交通——顾颉刚

224　明太祖的建国——吴　晗

239　满洲兴起至入关——钱　穆

246　清朝的衰乱及覆亡——吕思勉

259　清代部族政权下之考试制度——钱　穆

262　民族丧失二十年的光阴——蒋廷黻

国史漫谈

中国古代史述略

顾颉刚

一 地和人——舞台和角色

历史是人类活动的记录。从一个哲学家的眼光看来，人类的活动也正如演戏，"乾坤一戏场"，即道破此理。历史也就不妨说是一卷演不完的电影片。演戏需要两件必不可少的东西——舞台和角色，历史也是一样，没有土地和生活在这土地上的民族，也就创造不出历史。今天我们讲中国古代史，首先也就得把这两件东西——地和人——交代明白。

西洋人常说地理是历史之母，可见地理对于一个民族历史的发展是极有关系的。我们现在所有的版图，若用河流来表明，那我们便有黑龙江、黄河、长江和珠江四大流域；以山脉来说，我们现在有阿尔泰山、天山、昆仑山和喜马拉雅山四大山系。然而，我们讲中国古代史，当时的中国却没有这般大。那时我们祖宗的活动范围只限在黄河流域。因此我们可以约略地说，古代我们祖宗所有的演戏舞台，不过是我们现在所有的四分之一罢了。

我们现在或者要骂黄河是中国的败家精，但在古代却不能这样说，所以在研究古代史时，我们得把这观念完全改正过来。黄河在古代不仅不是中国的败家精，而且实是孕育中国文明的母亲。这条大河从发源以至入海，经过青海、甘肃、宁夏、绥远、山西、陕西、河南、江苏八省（在古代它是从河南直北到河北入海的），长凡八千里左右（古代从天津入海要更长些），并合了它的支流计算，流域之广达到一百六十万方里左右。这一片大地，实为古代正统的中国民族唯一的根据地。他们在那里长养发育，建设了不少光荣灿烂的文化。

有了尼罗河，才有埃及的文化；有了幼发拉底河，才有巴比伦的文化；有了黄河，才有中国的文化，据地质学家的研究，中国文化的发生，实在是受了黄土的恩惠。黄土的性质是黏而腴的，得水即能发酵，助长植物的发达，不需要肥料。这种黄土遍布于黄河流域的全境，不论是山陵和原野，它的肥沃的程度和尼罗河的沉淀物相仿佛；但土地之广，却远过于尼罗河流域。当古代时，水蒸气充足，受了雨泽的涵濡，黄河流域的全土实在是亚洲东部最膏腴的地方。陕西的渭水流域，河南的洛水流域，尤为富饶，所以古人称它作"天府"。河南的北部，山东的西部，极目平原，一望无际，农产品的丰盛，也可想而知。因此古书里常说"天玄地黄"，他们以为地的颜色到处总是黄的，就因为他们的眼界只限在这黄土区域的圈子里！

那时黄河流域的气候也和现在不同。现在一提到黄河流域，南方的人们就起了寒冷的印象。竹子、梅花、稻、象，现在北方真是极少极少，即使有也是南方搬了去的；但在那时的黄河流域里，这些东西都有，可见那时的气候是怎样地暖和。又湖泊的分布和气候也很有关系，因为湖泊多了，空中的水分就充足了，水分充足，就可以长养森林，调节气候，使得它没有酷寒和燥热。我们从古书里看，那时黄河下流的湖泊是怎么多：河南的中部有荥泽，往东去有圃田、逢泽、孟诸，山东的西部有菏泽、雷夏、大野，此外陕西有弦蒲薮，山西有昭余祁，山东有貕（音 xī）养泽。这些湖泊现在都到哪里去了？河北南部的大陆泽现在固然还有，但从前是纵横千里的，现在缩小至于地图上也可以不画上了。

上面我们已经把我们古代史的舞台——黄河流域——搭好了，现在得来看看在这个舞台上活动的角色如何。学历史的人总不免有穷根究底的习惯，首先我们就要问这批角色——中国民族——是怎么来的？这有三种说法：

（一）传统的说法　我们中国人传统的说法是盘古开天辟地，中国人全是他的子孙，一开始就住在这块地方。但这种说法是立不住脚的，盘古的名称根本是到三国时才露脸，而且据我们的推测，或者他就是南蛮（就是现在所谓"湖南的苗子"）的祖先槃瓠（音 pán hù）的化身，而槃瓠的故事实在是一篇神话，叫我们怎能相信呢？除了盘古，说到中国人的祖先就是炎帝和黄帝了，大家深信我们是他们的子孙，所以常常自称为"炎黄遗胄"，表示我们出身的高贵。

（二）西来说　这是西洋人提出来的说法，前些年国人附和的也很多，他们的主张也各有不同，有说由马来半岛来的，于阗来的，美索不达米亚（Mesopotamia）来的，印度来的，更有说是远由非洲的埃及或由美洲大陆来的，其中最占势力的是中亚细亚说。有一派主张人种一元论的人类学者，他们以为世界上所有民族都是起源于中亚细亚，中国民族便由帕米尔高原，越过葱岭，到天山南路，沿了塔里木河东下至青海，从此分为两支：一支便顺长江而下到四川，东边给三峡、北边给秦岭挡住了。他们便定居在四川，成为巴、蜀两国的前身；另一支则沿黄河而下，找到了我们前述的肥腴的舞台，开始创造我们的文化。但这种说法实在没有多少的证据，都只是一种假设罢了。

（三）"北京人"的发现　前些时重庆正上演曹禺的新剧《北京人》，轰动了一时。这位"北京人"是民国十年（1921年）以后陆续在北平西南房山县的周口店地方发掘所得猿人骨骼，大约是在五十万年以前的，这一发现也许可以说中国民族就是本地土著了，这自然是我们所乐闻。

二　传说的古史和科学的古史

任何民族的古代史都不免杂有传说在内，这原不足为怪，因为一个民族的历史也正如一个人的历史一样，一个人年纪大了，若单凭自己的片段的回忆，或零星的用物，去记述他幼年的生活，那自然是难得真确的。我们的古史也像这样，在东周以前，简直渺茫极了，我们只知道有哪几个朝代和若干个人名地名，但都是零零碎碎的，连贯不起来。从前固然也有人提到这些，但不是黏附着许多神话，使我们不敢相信，就是支离矛盾，使我们没法相信。更有些人则是有意地去妄造古史，那就弄得更混乱了。

近来欧洲的考古学家用科学的方法来研究古史，他们依据了人类使用器物的程序，分历史为石器、铜器、铁器三个时期。石器时期又可分为：（一）始石器时代，他们说在五十万年以前，地球上只有半人半猿的猿人，只能运用极粗糙的石器，这时代约在距今五十万年至二十万年前，那时的人类只能称为"原人"，而不能称为真人；（二）旧石器时代，约在距今二十万年至万年前，这时的人类能制造粗糙的石器；（三）新石器时代，约在距今万年至六千年左右，这时石器的制造愈精，已知道用苎麻织布，有了农业、家室，也发明了陶器。这时代以后，便进入铜器时代，起初还只知道用紫铜制造器具，后来才知道用青铜（锡锌铜等合金），性质要坚硬得多。又过了三四千年，才进入铁器时代。从人类全部的历史看来，铁器的发明还仿佛是昨天的事呢！

这是欧洲学者在中国以外工作的结论。当这个学说初传进中国时，很多人不信；因为中国人相信古书的记载，以为铜器、铁器早就有了。但事实却渐渐地证明了科学的成果。最先，民国十年（1921年）在河南渑池县和辽宁锦西县等处掘出许多单色和彩色的陶器，以及许多石器，但没有在那里得到些铜器，这证明了中国亦有新石器时代。稍后，民国十二年（1923年）河套一带又发现了大宗粗糙的石器，又证明了是旧石器时代的中期的东西。稍后，民国十九年（1930年）又在北平西南房山县发现了一座完好的猿人头骨，十余年来地质调查所差不多把整个的山翻开，得到了二十六个原人的骨骼，确实的年代虽不能断定，总是五十万年以前的。我们得到这消息，快乐得跳起来，叫道："中国历史的第一页找到了！"

第一页的猿人，（第二页的始石器时代尚未找出）第三页的旧石器时代，第四页的新石器时代，都很快地在十年内找出了。铜器时代本来是我们金石学者工作的领域，这个钟是周，那个鼎是商，都已大略考定。"科学的中国古史"固然一时间还不该写出，但一个简要的纲领也可以说是立起来了。

三　茫昧的夏王国

在传说的古史系统中，我们的古代史可以拉得很长；但中国的第一位大史学家司马迁就认为有一部分的传说是"其文不雅驯，荐绅先生难言之"，而摒弃不要。但在我们看来，他的《五帝本纪》里也还有好些"不雅驯"的地方呢。这笔糊涂账现在还没法清算，只有待新史料的发现了。

五帝之后是夏，这个王国的历史，从传说的古史和科学的古史两个系统看来，都算是已有了相当的眉目。但因为他们没有直接史料流传下来，他们的历史总还是茫昧得很。现在我们姑且不因他们没有实物流传下来而看他们为史前时代，只依据了春秋、战国间人讲起的夏事去定他们的疆域，那么我们可以说，夏的都城在阳城（今河南省登封市），又在晋阳（今山西省太原市），又在帝丘（今河南省濮阳市）。他们的国境是河、济之西，华山之东，伊、洛之北，羊肠坂（属太行山）之南，约现今山西、山东、河南、河北四省之间。夏后启的母亲的化石在嵩山，夏后皋的坟墓在崤山，都是近阳城的。

此外，我们从《左传》和其他的记载里，都可证明夏朝的若干国家的位置都在现今河南、河北、山东、山西之间。以前我们因为晋封夏虚，卫封殷虚，又因为晋用夏正，他们的纪月法和用周正诸国不同，觉得晋和夏特别接近，又因魏、晋以来都说"夏都安邑"，觉得他们的政治中心定在山西南部。现在有了以上这些材料，就知道夏王国的政治中心在河南，他们的势力范围大部分在山东，小部分在河北、山西，他们享有了黄河流域的下游和济水流域的全部。

他们之所以这样的缘故也不难解释，这是一片平原肥沃之区，而且水道纵横，交通是十分方便的。至于他们这个种族是从哪里来的？他们发展的方向是顺流而东呢，还是逆流而西呢？这可没法解答。我早在上面声明了，夏王国的历史是很茫昧的。

夏王国对于中国历史的影响非常大，这是中国文化的底层。我们看周人明明是西方的一个独立的部族，但他们得到中原之后，就称自己的国土为"时夏"，称自己的民族为"诸夏"，就可知道他们对于夏是怎样的仰慕。"夏"又转为"华"，这就是我们中华民族的名称的来源。我们宝爱这个族名，是不是该对于夏更增些眷恋！

在科学的中国古史中，我们也可以对夏朝作一点推测。民国十年，地质调查所在河南渑池县的仰韶村发现了一个石器时代的遗址，后来又在辽宁、甘肃、陕西、山西、河北、山东等省，都发现有与仰韶村遗址同样的东西，考古学家便名之为仰韶期文化，相当于石器时代的末期。从器物的差别看来，又知道这一期文化是在殷商之前，而且它的陶鬲（音lì）和周代的铜鬲，石环和周代的玉环，石戈和汉代的铜戈，石镰和现在的铁镰，石凿和现在的铁锛，石刀和现在的金圭（就是北平磨刀匠所打的四片铁刀），都有逐渐演化的痕迹，足以证明这种史前文化和中国历史文化是非常接近的。

因此我们该问，仰韶文化既在石器时代的末期，又确在商代以前，又和中国有史时期这样地密切，那么是什么时候的呢？说到这儿，自然叫人联想到夏代去。我们在上边讲起，夏以河南为中心，它的势力范围及于山东、山西、河北，现在这几省都已发现了仰韶期的文化了；夏后皋的坟墓在渑池，其同姓的莘国在陕县，仰韶村又正在那边；夏的铜器没有发现过，而仰韶期正无铜器；夏的文字没有发现过，而仰韶期正无文字；靡（羿的忠臣）逃奔的是有鬲氏，传说中又说"昆吾作陶""桀作瓦屋"，而仰韶期的文化正以陶器为最盛。然则这十余年来新石器时代末期遗物的大批发现，或者就是给我们看一部夏的历史吧？我们希望这样"踌躇满志"的话，不久再有新的发现来给我们证明！

四　商王国的成长和发展

不知在什么时候出来了一个称为商的部族。据他们自己相传，说是上帝特地降下来的。《诗经》的《商颂》里说："天命玄鸟，降而生商"，又说："有娀（音 sōng）方将，帝立子生商"，这就是含有一篇神话的故事。这位天降下来的商王名叫契，母亲简狄是有娀氏的女儿，父亲帝喾就是那位上帝。契就是商人的始祖，他的国在哪里现在也不知道，不过把玄鸟生商的神话和别的种族的神话比较研究，那么它和高丽的和满洲的很相像，或者他们是起于辽宁和河北之间的。近年来的考古学者不曾告诉我们仰韶文化已经伸展到了辽宁吗？

契的孙儿相土（就是甲骨文中的土），始搬到商（今河南省商丘市），因此他们的国号就叫商，他是一个武功烈烈的国王，《诗经》中还说他的势力达到了"海外"，依我们的推测，或者他据了渤海和黄海的西岸，而发展他的势力到东岸朝鲜。这是一个有可能的推测，因为相传商亡之后，箕子是到朝鲜去做王的。倘若不是向来两方面就有密切的关系，怎还能于丧败之后退保这辽远之地呢？

此后重要的商王是王亥，他发明了用牛驾车载重，给人们运输交通以极大的方便。又过了好几代到汤，他的都城在亳（一称北亳，在商丘西北，今山东省曹县南）。因为他行仁政的缘故，上帝很信任他，命他享有天下。他共举了十一次兵，才把当时的共主夏桀赶到南巢（今安徽省巢县东北），而自己做了天子。这是中国历史上革命的第一幕。商和夏只是同时存在的二国，它们的大小强弱本来没有差得怎样远，后世学者牵于君臣的名分观念，以为汤是桀的臣子，他是忽然间从七十里的封地兴起来的，那实是大大的谬误，不看玄王（契）和王亥们都早已称王了吗？

在春秋的末年，孔子很想寻求商代的制度，特地来到宋国去，可是他只有带着失望回来。现在离那时已二千四百年了，想不到我们却比孔子幸运得多。四十年前甲骨卜辞发现于河南安阳，经学者们长时间地研究，加上旧传材料的比较，对于商朝的历史，我们方得说出一个约略。

商王国的领土大约也像夏，介于山东、山西、河南、河北之间，而朝鲜及辽宁、陕西诸省，则为其宗主权所及的地方。许多记载告诉我们商是常常迁都的，汤以前迁过八次，汤以后又迁过六次。他们为什么要迁，是不是游牧部落的习惯，还是遭遇了水灾？这个问题现在还没法解释。最后一次是盘庚迁都于殷（今河南省安阳市），从此以后他们住定了，直到亡国，在那边建都二百七十五年。现在殷虚发现的甲骨之所以这样地多，原为那边是一个长时期的都城，保有十二代君主的占卜。殷是商代最久的都城，所以古人就用了殷来称商，或合称为殷商；但他们自己还是称商。在甲骨文里，又称为大邑商。

商人非常信鬼，所以国王做一件事必先占卜。祭祀的事，占卜最多，不用说了；除此之外，出去，回来，走到哪里，停到哪里，经过哪里，在哪里打猎，在哪里捕鱼，向哪方开仗，都要占卜。因此留下的地名，有好几百个。如果这些地名我们都能知道它的所在，真可以修成一部"大商国志"。不幸这些文字，我们多数认不得，就是认得的，也因古书里提到得太少，没有比较材料，不敢确定在哪里。

商王国境外的国家有属国和外邦的分别。属国如肃（古书里常提起的肃慎氏）、儿（即郳，小邾，在今山东省邹城市）等是。商人称外邦常用"方"字，武丁时有鬼方、土方、方、羌方，都曾侵犯过周王国；如鬼方，武丁曾用三年的工夫才把它克服。纣时有人方，据后人的研究，人方就是东夷，纣曾和他们打过三次仗，是商末最重要的战争。虽然胜利了，但因纣不修德行，加上战争的消耗，国力大衰，战争反而成了他亡国的致命伤。此外还有马方、虎方以及文字不识得的几个方。马方、虎方用生物为号，是否即是一种图腾（Totem）制度，用来表示他们的血统关系，这也有待于研究。

五　周王国的崛起及其封建

周的形成恐怕赶不上夏，因为从文王推上去只有十四代，比从汤到纣有二十九代的还要减少一半。当时渭水流域是氐、羌们的根据地，而周祖后稷就说是姜嫄生下来的，姜就是羌（羌从人，是种族之名；姜从女，是羌族女子的姓。这一族大约是用羊作它的图腾。这名词有从人从女的分别，好像鬼方的鬼在甲骨文中有从人作傀的，也有从女作媿的）。我们很可假定，周族是羌族中间的一个支族，或者是更大一族的两支，至少也和羌族有血统的混合。这一族世居陕西中部，或者受过商王的羁縻，但决没有很深的政治上的隶属关系。不知在什么时候，这族里出了一个酋长称为公亶（音 dǎn）父的，初到岐山之下的周原定居下来（公亶父这人，从战国以来都说是太王，我觉得不对。他乃是一个很辛苦的创业之君，太王时则已到了周的全盛时代。而且从称呼上看，他称公，太王称王，也不该合为一人）。以后经过公刘、太王到王季，周的势力更强，商王只得用和亲的政策把挚国（据说在今河南汝南县东南）之君的女儿太任嫁给他，后来她就生了文王，商王帝乙又把自己亲生的女儿嫁过去；但文王却不因他自己一来是商的外甥，二来是商的姑爷，就忘掉了他自己的使命。

他在最后的几年之内，非常的活动（原文如此，编者注），先判断了虞国（今山西省平陆县东北）和芮国（今陕西省朝邑县）的争讼，获得了东北方（西河两岸）的主权；又赶走了畎夷（又称混夷、串夷），伐灭了密须国（今甘肃省灵台县），开辟了西边的土地；又灭了崇国（今陕西省鄠县东），奠定了渭南之地；

又打下了邘国（今河南省河内县）和耆国（又作黎，今河南省浚县西南），势力伸展到东方，和商国的王畿相接触。

那时是商王纣在位，他自己固然不好，但那时一般的商民也走到了绝路。他们这个王国在那时是文化的中心，但就因为文化发达，所以渐渐奢侈起来，大家只管喝酒作乐，喝得人事不知［现在发现的商代铜器，多数是装酒的，大的叫作尊、彝、壶、罍（音léi）、盉（音hé）、卣（音yǒu），小的叫作爵、觚（音gū）、觯（音zhì）、角、斝（音jiǎ）、觥（音gōng），我们很想见当时喝酒的艺术］。他们最主要的道德原是敬鬼神，重祭祀；但到了末期，品行的堕落甚至偷窃到祭神的祭祀品来了。做官的也没有一点纲纪，只会互相欺骗。人民呢，时常闹意见，彼此结成冤家，全国化为一盘散沙。在这时候西方崛兴了一个周国，他们有很大的地盘，很富的农产，很强的武力，还有刻苦奋斗的精神，试问在这个老国度里享福惯了的人们，如何抵挡得住这锐利的进攻呢！

文王灭崇之后，就把都城从岐山迁到沣水（即崇地，在今长安县南），称为丰邑，但不幸他赍志以殁。他的长子武王（他是莘国之女太姒生的）继起，自称太子发，奉了文王的木主行军，大会诸侯于孟津（今河南省孟津县），但他认为时机还没有到，退回来了。又过了两年，才率领戎车三百乘（一乘是驾着四匹马的一辆车，每车容步卒七十二人），虎贲（勇士）三千人，和西南方的庸、蜀、羌、髳、微、卢、彭、濮八国联军，东向伐纣，纣失败了，自己烧死在鹿台之上。武王就成了天下的共主。从此以后，黄河流域的政治文化全为渭河流域的人们所支配了。

周武王克商之后，为巩固他的统治权计，就封建了几个国家，后来在成王时，周公旦为相，又封建了许多。武王和成王两代所封的究竟有多少，我们无法知道。有人说成王时周公封建七十一国，其中姬姓之国独占了五十三，这话也许是可信的。这些国家中，大致可分成三类：第一是周王同姓的姬姓国家，如卫、晋、鲁、曹等国；第二是周王室的姻亲国家，如姜姓的齐、申，姒（音sì）姓的杞，妫（音guī）姓的陈，任姓的薛等国；第三则是商代遗留下来的国家，如商国自身的宋和楚、徐等国。不过如徐、楚等一类国家，是并不心悦诚服于周朝的。可是前两类国家真个是星罗棋布，节节驻防，为王室的屏藩，这第三类国家也就没奈何了。总之在这时候，周朝的疆域，西到今甘肃的东头，东到今山东半岛，南到江、汉，北到辽、滦，地方之大真罩过了夏、商。

武王之后是成王、康王。成、康之世，天下安宁，人民休养生息，十分舒服，听说这四十余年里，竟没有一个人犯过罪。不过周家的全盛时代，也只有这短短的一段，从此以后，就在长期的衰弱里挨延下去了。经过几代到厉王，他是一位很专制的君主，又骄傲，又暴虐，又用了喜欢专利的荣夷公做卿士，人民吃的痛苦深了，不免对他批评几句，他就禁止人民批评他，抓着的就杀。召穆公谏他，他也不听。过了三年，人民再也耐不下去了，便集合起来，把他赶出国去。于是天下无主。有一个共国之君名叫和的，很有政治才干，诸侯推他出来代行天子的职权，所以历史上称这个时期为"共和"。共和十四年（前828年），厉王死了，召公保护着厉王的太子叫作静的做了天子，是为宣王。宣王少遭艰苦，即位之后，很肯听信召公的话，努力治理政事，一时颇有中兴气象。可是那时外患太多了，西北有戎，东南有夷，南面有楚，虽经召公和宣王的努力，把他们平定，但周室的国力是愈衰了。

自从共和以后，中国方有正确的纪年史。宣王在位四十六年去世，子幽王继位。幽王可算是西周列王中命运最坏的一位，外患天灾很多，而他自己又不好，宠爱褒姒，废去申后和太子宜臼，另立褒姒的儿子伯服为太子。于是激怒了申后的父亲申侯，他约集鄫国和犬戎，连兵攻周，把幽王杀了，于是宗周灭亡。自武王克商到此，不过二百八十年光景。镐京残破之后，不能再做都城，申侯就在自己国里立了太子宜臼为王，是为平王。另有不满意于平王的杀父报仇的，就拥立幽王的另一个儿子余臣于携邑，是为携王。二十一年之后，晋文侯把携王杀了，平王方得做天下的共主。这时他迁到周文公所建的东都洛邑，后人因称为东周。

平王四十九年（前722年）是鲁隐公元年，这一年是相传孔子所作的《春秋经》的第一年，从此入于春秋时代。在这时代中，周王虽依然高拱在上，但天下的重心已移到霸主的名下，中国历史也进入一个剧变之局，我们的古代史也可就此告一段落了。

中国史叙论

梁启超

一　史之界说

史也者，记述人间过去之事实者也。虽然，自世界学术日进，故近世史家之本分，与前者史家有异。前者史家，不过记载事实；近世史家，必说明其事实之关系，与其原因结果。前者史家，不过记述人间一二有权力者兴亡隆替之事，虽名为史，实不过一人一家之谱牒；近世史家，必探察人间全体之运动进步，即国民全部之经历，及其相互之关系。以此论之，虽谓中国前者未尝有史，殆非为过。

法国名士波留氏，尝著俄国通志。其言曰，俄罗斯无历史，非无历史也，盖其历史非国民自作之历史，乃受之自他者也，非自动者而他动者也，其主动力所发，或自外，或自上，或自异国，或自本国。要之，皆由外部之支配，而非由内部之涨生，宛如镜光云影，空过于人民之头上，故只有王公年代记，不有国民发达史，是俄国与西欧诸国所以异也，云云。今吾中国之前史，正坐此患，吾当讲此史时，不胜惭愤者在于是，吾当著此史时，无限困难者在于是。

德国哲学家埃猛埒济氏曰，人间之发达凡有五种相，一曰智力（理学及智识之进步皆归此门），二曰产业，三曰美术（凡高等技术之进步皆归此门），四曰宗教，五曰政治，凡作史读史者，于此五端，忽一不可焉。今中国前史以一书而备具此五德者。固渺不可见。即专详一端者，亦几无之。所陈陈相因者，唯第五项之政治耳，然所谓政治史，又实为纪一姓之势力圈，不足以为政治之真相。故今者欲著中国史，非唯无成书之可沿袭，即搜求材料于古籍之中，亦复片鳞残甲，大不易易。

二　中国史之范围

（甲）中国史与世界史　今世之著世界史者，必以泰西各国为中心点，虽日本俄罗斯之史家（凡著世界史者日本俄罗斯皆摈不录）亦无异议焉。盖以过去现在之间，能推衍文明之力以左右世界者，实唯泰西民族，而他族莫能与争也。虽然，西人论世界文明最初发生之地有五，一曰小亚细亚之文明，二曰埃及之文明，三曰中国之文明，四曰印度之文明，五曰中亚美利加之文明，而每两文明地之相遇，则其文明力愈发现。今者左右世界之泰西文明，即融洽小亚细亚，与埃及之文明而成者也，而自今以往，实为泰西文明与泰东文明（即中国之文明）相汇合之时代，而今日乃其初交点也。故中国文明力未必不可以左右世界，即中国史在世界史中，当占一强有力之位置也。虽然，此乃将来所必至，而非过去所已经，故今日中国史之范围不得不在世界史以外。

（乙）中国史与泰东史　泰东史者，日本人所称东洋史也。泰东之主动力全在中国，故泰东史中中国民族之地位，一如世界史中阿利扬民族之地位。日本近来著东洋史者，日增月盛，实则中国史之异名耳。今吾所述，不以泰东史名之者，避广阔之题目，所以免汗漫挂漏，而供简要切实之研究也。至于二千年来亚洲各民族与中国交涉之事最繁赜，自归于中国史之范围，固不待言。

三　中国史之命名

吾人所最惭愧者，莫如我国无国名之一事，寻常通称，或曰诸夏，或曰汉人，或曰唐人，皆朝名也。外人所称，或曰震旦，或曰支那，皆非我所自命之名也。以夏汉唐等名吾史，则戾尊重国民之宗旨，以震旦支那等名吾史，则失名从主人之公理，曰中国，曰中华，又未免自尊自大，贻讥旁观。虽然，以一姓之朝代而污我国民，不可也，以外人之假定而诬我国民，犹之不可也。于三者俱失之中，万无得已，仍用吾人口头所习惯者，称之曰中国史，虽稍骄泰，然民族之各自尊其国，今世界之通义耳，我同胞苟深察名实，亦未始非唤起精神之一法门也。

四　地势

中国史所辖之地域，可分为五大部，一中国本部，二新疆，三青海西藏，四蒙古，五满洲。东半球之脊，实为帕米尔高原，亦称葱岭，盖诸大山脉之本干也。葱岭向东，衍为三派，其中部一派，为昆仑山脉，实界新疆与西藏焉。昆仑山脉复分为二，其一向东，其一向东南，向东南者名巴颜喀拉山，界青海与西藏，入中国内地，沿四川省之西鄙，蔓延于云南两广之北境，所谓南岭者也。其向东者名祁连山，亘青海之北境，其脉复分为二，一向正东，经渭水之上流，蔓延于陕西河南，所谓北岭者也。一向东北沿黄河亘长城内外者为贺兰山，更北为阴山，更北为兴安岭，纵断蒙古之东部，而入于西伯利亚，盖中国全部山岭之脉络，为一国之主干者，实昆仑山也。

使中国在亚洲之中划然自成一大国者，其大界线有二，而皆发自帕米尔高原，其在南者为喜马拉雅山，东行而界西藏与印度之间，其在北者为阿尔泰山，实为中俄两国天然之界线焉。在昆仑山与阿尔泰山之中与昆仑为平行线者为天山，横断新疆全土，分为天山南北路，而终于蒙古之西端。

中国之大川，其发源之总地有二，其一在中国本部者，曰黄河，曰扬子江，曰西江，曰金沙江，皆发源于新疆、西藏之间。其二在中国东北部者，曰黑龙江之上流斡难河、克鲁伦河，其支流之嫩江，曰色楞格河，曰鄂尔浑河等，皆发源于蒙古之北部。大抵诸大川河中与历史最有关系者为扬子江，其次为黄河，再次为西江、黑龙江。

蒙古及新疆虽为诸大河之发源地，但其内部沙漠相连，戈壁瀚海准噶尔之诸沙漠，殆占全土之大半，故河水多吸收于沙漠中，或注泻于盐湖。

地理与历史，最有紧切之关系，是读史者所最当留意也。高原适于牧业，平原适于农业，海滨河渠适于商业，寒带之民，擅长战争，温带之民，能生文明，凡此皆地理历史之公例也。中国之版图，包有温寒热之三带，有绝高之山，有绝长之河，有绝广之平原，有绝多之海岸，有绝大之沙漠，宜于耕，宜于牧，宜于虞，宜于渔，宜于工，宜于商，凡地理上之要件与特质，中国无不有之。故按察中国地理，而观其历史上之变化，实最有兴味之事也。

中国何以能占世界文明五祖之一，则以黄河、扬子江之二大川横于温带，灌于平原故也。中国文明，何以不能与小亚细亚之文明、印度之文明相合集而成一繁质之文明，则以西北之阿尔泰山西南之喜马拉雅山为之大障也。何以数千年常有南北分峙之姿势，则长江为之天堑，而黄河沿岸与扬子江沿岸之民族，各各发生也。自明以前，何以起于北方者其势常日伸，起于南方者其势常日蹙，以寒带之人常悍烈，温带之人常文弱也。东北诸胡种，何以二千余年迭篡中夏，以其长于猎牧之地，常与天气及野兽战，仅得生存，故其性好战狠斗，又惯游牧，逐水草而居，故不喜土著而好侵略；而中国民族之性质适与相反也，彼族一入中国，何以即失其本性，同化于汉人，亦地质使之然也。各省地方自治制度，何以发达甚早，则以幅员太大，中央政府之力常不能及，故各各结为团体，以自整理也。

何以数千年蜷伏于君主专制政治之下，而民间曾不能自布国宪，亦以地太大，团体太散，交通不便，联结甚难，故一二枭雄之民贼，常得而操纵之也。何以不能伸权力于国外，则以平原膏腴，足以自给，非如古代之希腊、腓尼西亚，及近代之英吉利，必恃国外之交通以为生活，故冒险远行之性质不起也。近年情形何以与昔者常相反，则往时主动力者常在盘踞平原之民族，近时主动力者常在沿居海岸之民族，世界之大势，驱迫使然也。凡此诸端，无不一一与地理有极要之关系，故地理与人民二者常相待，然后文明以起，历史以成，若二者相离，则无文明，无历史，其相关之要，恰如肉体与灵魂相待以成人也。

五　人种

种界者，今日万国所断断然以争之者也。西人分世界人种，或为五种，或为三种，或为七种。而通称黄色种人谓为蒙古种，此西人暗于东方情实，谬误之谈也。今考中国史范围中之各人种，不下数十，而最著名有关系者，盖六种焉。

其一苗种是中国之土族也，犹今日阿美利加之红人、澳大利亚之黑人也，其人在历史以前，曾占重要之地位，自汉族日渐发达，苗种即日就窘迫，由北而南，今犹保残喘于湖南、贵州、云南、广西之间，其在安南、缅甸等地亦间有焉。

其二汉种即我辈现时遍布于国中，所谓文明之胄，黄帝之子孙是也，黄帝起于昆仑之墟，即自帕米尔高原，东行而入于中国，栖于黄河沿岸，次第蕃殖于四方，数千年来，赫赫有声于世界，所谓亚细亚之文明者，皆我种人自播之而自获之者也。

其三图伯特种现居西藏及缅甸之地，即殷周时代之氐羌，秦汉之际之月氏，唐时之吐蕃，宋时之西夏，皆属此族。

其四蒙古种初起于贝加尔湖之东隅一带，次第南下，今日蔓延于内外蒙古及天山北路一带之地，元朝即自此族起，混一中国，威震全地，印度之谟嘉尔帝国（即莫卧儿帝国），亦此族所建设也。

其五匈奴种初蕃殖于内外蒙古之地，次第西移，今自天山南路以至中亚细亚一带之地，多此族所占据，周以前之猃狁，汉代之匈奴，南北朝之柔然，隋之突厥，唐之回纥，皆属此族，现今欧洲土耳其国，亦此族所建立也。

其六通古斯族自朝鲜之北部，经满洲而蔓延于黑龙江附近之地者，此种族也，秦汉时代之东胡，汉以后之鲜卑，隋及初唐之靺鞨，晚唐五代之契丹，宋之女真，皆属此族，今清朝亦自此兴者也。

西教徒所主张，以谓全世界之人类，皆由最初之一男一女而生，但今日世界大通，人种学大明，此论之无稽，殆不足辩，然则各种各族，各自发生，其数之多，殆不可思议，且也错居既久，婚姻互通，血统相杂，今欲确指某族某种之分界线，其事盖不易易，况游牧民族，迁徙无常，立于数千年之后，而指前者发现于历史上之民族，一一求今之民族以实之，非愚则诬，故今日以六种族包括中国史内之人民，诚不免武断挂漏之讥，但民族为历史之主脑，势不可以其难于分析而置之不论，故举其在史上最有关系者约而论之云尔。

今且勿论他族，即吾汉族，果同出于一祖乎，抑各自发生乎，亦一未能断定之问题也，据寻常百家姓谱，无一不祖黄帝，虽然，江南民族，自周初以至战国，常见有特别之发达，其性质习俗颇与河北民族，异其程度，自是黄河沿岸与扬子江沿岸，其文明各自发达，不相承袭，而瓯闽两粤之间，当秦汉时，亦既已繁盛，有独立之姿，若其皆自河北移来，则其移住之岁月，及其陈迹，既不可考见矣。虽然，种界者本难定者也，于难定之中而强定之，则对于白棕红黑诸种，吾辈划然黄种也。对于苗图伯特蒙古匈奴满洲诸种，吾辈庞然汉种也，号称四万万同胞，谁曰不宜。

六 纪年

纪年者，历史之符号，而于记录考证所最不可缺之具也。以地理定空间之位置，以纪年定时间之位置，二者皆为历史上最重要之事物，凡符号之优劣，有一公例，即其符号能划一以省人之脑力者为优，反是则为劣，是也。故凡野蛮时代之符号，必繁而杂，凡文明时代之符号，必简而整，百端皆然，而纪年其一端也。

古代之巴比伦人，以拿玻呐莎王为纪元（在今西历纪元前七百四十七年）希腊人初时。以执政官或大祭司在位之时按年纪之，其后改以和灵比亚之大祭为纪元（当纪元前七百六十七年），罗马人以罗马府初建之年为纪元（当纪元前七百五十三年），回教国民以教祖摩哈默德避难之年为纪元（当纪元前六百二十二年），犹太人以创世纪所言世界开辟为纪元（当纪元前三千七百六十一年），自耶稣立教以后，教会以耶稣流血之年为纪元，至第六世纪，罗马一教士，乃改用耶稣降生为纪元，至今世界各国用之者过半，此泰西纪年之符号，逐渐改良，由繁杂而至简便之大略也。

吾中国向以帝王称号为纪，一帝王死，辄易其符号，此为最野蛮之法（秦汉以前各国各以其君主分纪之尤为野蛮之野蛮）于考史者最不便，今试于数千年君主之年号，任举其一以质诸学者，虽最淹博者亦不能具对也，故此法必当废弃，似不待辨，唯废弃之后,当采用何者以代之,是今日著中国史一紧要之问题也。甲说曰,当采世界通行之符号仍以耶稣降生纪元,此最廓然大公,且从于多数,而与泰西交通利便之法也。虽然,耶稣纪元,虽占地球面积之多数,然通行之之民族,亦尚不及全世界人数三分之一,吾冒然用之,未免近于徇众趋势,其不便一;耶稣虽为教主,吾人所当崇敬,而谓其教旨遂能涵盖全世界,恐不能得天下后世人之画诺,贸然用之,于公义亦无所取,其不便二;泰东史与耶稣教关系甚浅,用之种种不合,且以中国民族固守国粹之性质,欲强使改用耶稣纪年,终属空言耳,其不便三。有此三者,此论似可抛置。

乙说曰,当用中国民之初祖黄帝为纪元,此唤起国民同胞之思想,增长团结力之一良法也。虽然,自黄帝以后,中经夏殷,以迄春秋之初年,其史记实在若茫若昧之中,无真确之年代可据,终不能据一书之私言,以武断立定之,是亦美犹有憾者也。其他近来学者,亦有倡以尧纪元,以夏禹纪元,以秦一统纪元者,然皆无大理公益之可援引,不必多辩,于无一完备之中,唯以孔子纪年之一法,为最合于中国。孔子为泰东教主中国第一之人物,此全国所公认也,而中国史之繁密而可纪者,皆在于孔子以后,故援耶教回教之例,以孔子为纪,似可为至当不易之公典。司马迁作《史记》,既频用之,但皆云孔子卒后若干年,是亦与耶稣教会初以耶稣死年为纪,不谋而合,今法其生不法其死,定以孔子生年为纪,此吾党之微意也。

但取对勘之便,故本书纪年,以孔子为正文,而以历代帝王年号,及现在通行西历,分注于其下。

七　有史以前之时代

史者记人间世过去之事者也，虽然，人类之起源，远在书契以前，其详靡得而稽焉，《春秋》纬称自开辟至于获麟，凡三百二十七万六千岁，分为十纪，其荒诞固不足道，而要之必有悠远之时代，无可疑也。洪水时代，实为全世界公共纪念物，故截称洪水以前为无史时代，洪水以后为有史时代，亦不为过。虽然，洪水之起源，及其经过之年代，虽以今世地质学家，考据极周密，然犹纷纷莫衷一是，故以洪水平息后始可为真正之有史时代。中国自古称诸夏，称华夏。夏者以夏禹之朝代而得名者也，中国民族之整然成一社会，成一国家，实自大禹以后，若其以前则诚有如列子所谓三皇之事，若存若亡，五帝之事，若觉若梦者，其确实与否，万难信也。故中国史若起笔于夏禹，最为征信。虽然，中国为全世界文明五种源之一，其所积固自深远，而黄帝为我四万万同胞之初祖，唐虞夏商周秦之君统，皆其裔派，颇有信据，计自黄帝至夏禹，其间亦不过数百年，然则黄帝时去洪水之年，亦已不远，司马迁作《史记》，托始黄帝，可谓特识，故今窃取之，定黄帝以后为有史时代。

一千八百七十七年以来，欧洲考古学会，专派人发掘地中遗物，于是有史以前之古物学，遂成为一学派，近所订定而公认者，有所谓史前三期，其一石刀期，其二铜刀期，其三铁刀期。而石刀期中，又分为新旧二期，此进化之一定阶级也，虽其各期之长短久暂，诸地不同，然其次第则一定也。据此种学者之推度，则地球生物之起源在一万万年以前，而人类之遗迹，亦在一万年乃至十万年以前云。中国虽学术未盛，在下之层石，未经发见，然物质上之公例，无论何地，皆不可逃者也。故以此学说为比例，以考中国有史前之史，决不为过。据此种学者所称新旧两石刀期，其所经年代，最为绵远，其时无家畜，无陶器，无农产业，中国当黄帝以前，神农已作耒耜，蚩尤已为弓矢，其已经过石器时代，交入铜器时代之证据甚多，然则人类之起，遐哉邈乎，远在洪水时代以前，有断然也。

又以人群学之公例言之，凡各人群，必须经过三种之一定时期，然后能成一庞大固结之团体。第一为各人独立，有事则举酋长之时期，第二为豪族执政，上则选置君主，下则指挥人民之时期，第三为中央集权，渐渐巩固，君主一人，专裁庶政之时期。斯宾塞尔群学云："譬有一未成规律之群族于此，一旦或因国迁，或因国危，涌出一公共之问题，则其商量处置之情形如何，必集其民众于一大会场，而会场之中，自然分为二派，其甲派，则老成者，有膂力者，阅历深而有智谋者，为一领袖团体，以任调查事实讨议问题之事。其乙派，则少年者。老羸者，智勇平凡者，为一随属团体。占全种族之大部分，其权利义务，不过旁听甲派之议论，为随声附和之可否而已，又于领袖团体之中，必有一二人有超群拔萃之威德，如老成之狩猎家，或狡狯之妖术家，专在会场决策而任行之，即被举为临事之首领云云。"

然则一群之中，自划然分为三种之人物。即其一最多数之随属团体，即将来变成人民之胚胎也，其二则少数之领袖团体，即将来变成豪族之胚胎也，其三则最少数之执行事务委员，即将来变成君主之胚胎也。凡此三种人物，当其在太古野蛮时代，常相集合，距离不甚远。又至今日文明时代，亦相结合，距离不甚远，唯中间所经过之趋势，则三者常日渐分离，其政权，由多数而浸归于少数，由少数而浸归于最少数，盖其初时，人人在本群，为自由之竞争，非遇有外敌，则领袖团体，殆为无用，其后因外敌数见，于是临时首领，渐变而为常任首领，而领袖团体之权力日以大焉，又其后此领袖团体中之有力者，各划分权力范围，成封建割据之形，而兼并力征之势日盛，久乃变成中央集权之君主政体，此历代万国之公例也。中国当黄帝尧舜之时，纯然为豪族执政之时期，而且中央集权君主专裁之制，亦已萌芽发达，亦可见中国有史以前，既经绝远之年代，而文明发达之早，诚足以自豪于世界也。

八　时代之区分

叙述数千年之陈迹，汗漫邈散，而无一纲领以贯之，此著者读者之所苦也，故时代之区分起焉。中国二十四史，以一朝为一史，如《通鉴》，号称通史，然其区分时代，以周纪、秦纪、汉纪等名，是由中国前辈之脑识，只见有君主，不见有国民也。西人之著世界史，常分为上世史，中世史，近世史，等名，虽然，时代与时代，相续者也，历史者无间断者也。人间社会之事变，必有终始因果之关系，故于其间若欲划然分一界线如两国之定界约焉，此实理势之所不许也，故史家唯以权宜之法，就其事变之著大而有影响于社会者，各以己意约举而分之，以便读者，虽曰武断，亦不得已也。

第一上世史，自黄帝以迄秦之一统，是为中国之中国，即中国民族自发达自争竞自团结之时代也。其最主要者，在战胜土著之蛮族，而有力者及其功臣子弟分据各要地，由酋长而变为封建，复次第兼并，力征无已时，卒乃由夏禹涂山之万国，变为周初孟津之八百诸侯，又变而为春秋初年之五十余国，又变而为战国时代之七雄，卒至于一统。此实汉族自经营其内部之事，当时所交涉者，唯苗种诸族类而已。

第二中世史，自秦一统后至清代乾隆之末年，是为亚洲之中国，即中国民族与亚洲各民族交涉繁赜竞争最烈之时代也。又中央集权之制度，日就完整，君主专制政体全盛之时代也，其内部之主要者，由豪族之帝政，变为崛起之帝政，其外部之主要者，则匈奴种、西藏种、蒙古种、通古斯种次第错杂，与汉种竞争，而自形质上观之，汉种常失败，自精神上观之，汉种常制胜，及此时代之末年，亚洲各种族，渐向于合一之势，为全体一致之运动，以对于外部大别之种族。

或问曰，此中世史之时代，凡亘二千年，不太长乎？曰，中国以地太大民族太大之故，故其运动进步，常甚迟缓，二千年来，未尝受亚洲以外大别种族之刺激，故历久而无大异动也。唯因此时代太长之故，令读者不便，故于其中复分为三小时代焉，俟本篇乃详析之，今不先及。

第三近世史，自乾隆末年至今日，是为世界之中国，即中国民族合同全亚洲民族，与西人交涉竞争之时代也，又君主专制政体渐就湮灭，而数千年未经发达之国民立宪政体，将嬗代兴起之时代也。此时代今初萌芽，虽阅时甚短，而其内外之变动，实皆为二千年所未有，故不得不自别为一时代，实则近世史者，不过将来史之楔子而已。

中国文明的历史发展

辜鸿铭

我们以前只知道我们东方自身的文明,但是如今,一种崭新的文明出现在我们面前,那就是欧洲文明。

要想了解这种欧洲文明,首先必须充分了解摆在我们面前的各种文明,必须对其进行深刻的研究。在对各种文明的研究方面,我曾用了十分长的时间。我在研究了中国原本的文明及西方文明之后,得到这样一个结论,那就是这两种文明在发展形式上其实是相同的。这里我所说的欧洲文明和当下我们所看到的欧洲文明不同,它不是那种不健康的文明,而是真正意义上的欧罗巴文明。时常有人这么说,东方文明要比欧洲文明悠久得多,在产生时间上东方文明也要比西方文明更早。然而,在我看来,欧洲文明和东方文明一样经历了极为漫长的岁月。

东方文明走向成熟的时代是在周朝,而欧洲文明发展高峰是在伯里克利时代,周朝和伯里克利时代基本上在同一段时间内。在和古希腊苏格拉底相媲美的孔子去世后的不到一年的时间内,苏格拉底也告别了人世。但是,东西方文明之间也有一个明显的区别，那就是东方文明具有连续性，而西方文明经常由于外来文明的侵入出现波折和间断性。

如果想要明确知道中国文明的进化过程，就一定要了解中国的发展历史。故此，接下来我想谈谈中国文化与中国历史。中国文明的真正起点是在夏代，接着经历了商代和周代；西方和中国夏代文明相对应的是古埃及文明，和中国商代相对应的是犹太文明。在中国周代的文化发展到最高潮时，相应的欧洲古希腊文明之花也盛开了。中国的文明始于夏代，发展时期是在商代，而全盛期是周代。根据我做的研究，中国的夏代就如同西方的古埃及，属于物质文明的发展期。正如我们都知道的，夏代出现了一个名为禹的帝王，他在治理洪水上获得了成功，从而便能够看出，当时物质文明的发展是相当发达的。而此时的埃及，则建造出金字塔与大运河。再看下那时代的绘画发展，就能愈发明了那个时代物质文明的发达程度。

在此之后的商代，中国文明在道德和心学及形而上学的方面取得了一定程度的发展。周代所发展的只是认知的方面。同样在西方，犹太文明在道德上也得到相应的发展，《圣经》便是这个时代的产物，这部经典所谈的主要是道德问题而几乎没有论及认知的问题，等到了古希腊文明的时代，认知文化便得到了相应的发展。而恰巧此时中国的周代，认知文化发展的第一阶段也已经完成了。为了证明周代的文明和古希腊辉煌的文明的一致性，下面我将引用孔子的一段话："周监于二代，郁郁乎文哉！吾从周。"（《论语·八佾第三》）这就表明，周文化和古希腊文明是相对应的。以前我曾说过，现在的欧洲文明之所以这么庸俗鄙陋，正是由于抛弃了古希腊文明的修养。

依照这样的顺序，中国文明在周代这个进化的第一阶段就走向了完善，但此时的文明如同花朵一样，花蕾开了之后，就渐渐枯萎了。周代文明凋零的征兆就在于对认知方面的特殊重视。通俗地说就是重脑而不重心，也就是人们只重视对事情的认知却忽视对事情的践行。

中国文明之花的凋零在于对认知的过于重视，此后中国文明就开始朝两个方向发展，一方面是老庄之学的兴起，另一方面是礼仪的完善。即使在如今的中国也是如此，学者并非真正的学者，而是饱读诗书的文人，在一个劲儿地吵闹不休。而所谓"礼"便是艺术，它和西方人通常所理解的绘画、雕刻一类不完全相同，除西方所谓的这些艺术之外，它还包括行为艺术或者活动艺术。

孔子曾就上述所说的两个弊端对弟子告诫说："攻乎异端，其害也已。"（《论语·为政第二》）这里所谓的异端，指的就是如同老庄哲学那一类的学说。如果对卡恩多·海因格尔、塔戈尔·拉茨萨尔等人的异端学说不加攻击的话，那么对保全完善的人格就是有害的。对于这些异端学说，如老庄哲学之类，将其当作药剂来用的话尚还可以，但如果当作饭来吃的话那就是有弊而无利了，拉茨萨尔那一类的思想对于欧洲社会而言是必要的，这是因为欧洲社会是一个不健全的社会，这种药剂恰恰是其需要的，但是这种思想对一个健全的社会、一个人格健全的国家来说是没有任何必要的。我们东方人，不管是中国还是日本都不曾患有什么病，因此，也就无须这种思想。孔子在批评仅注重礼乐形

式的弊端时说过:"礼云礼云,玉帛云乎哉?"(《论语·阳货》)

为了纠正中国文明过度朝着认知和礼仪方面发展的偏颇,同时也为了挽救中华文明,孔子想出了很多办法,可是都未能获得成功。这就像那些住了不知多少代的破败的、马上要倾覆的房屋一样,不管如何进行修补也是于事无补的。处于这种场合,诸位打算如何办呢?如果是在西方社会,会马上给这房屋买个保险,然而非常遗憾,在孔子的时代,还不知道保险公司在哪里呢。因此,孔子所留下的只是一幅建设一栋文明大厦的蓝图,也就是《六经》。正是由于拥有了《六经》,我们才能够按照原来的式样,重新将文明的家园建成。然而,当下在这方面,我们还是无法完成孔子的重托。

因为人们注意的重点转向了认知方面,因此也就出现了许多学者,因为这些人并不具备什么教养,所以也可将其称作"乱道之儒"。而这些乱道之儒、政客之类的捣乱,最终让中国文明走向了毁灭。最早认清这些人是国家祸端的人是秦始皇。秦始皇在发现这些人带来的危害之后,便果断地实施了"焚书坑儒"。但是,如果我也生活在那个时代,或许也将是被坑埋的一员。秦始皇认为他当时的社会既无须文化,也无须学者,所需要的只是法律。故此,他对法家委以重任,可是,凭借法律维持的文明并没能持续很久。由于秦始皇用官吏取代了学者,这就导致他事业的失败。因此秦朝的统治到秦二世就倒台了。

有趣的是,恰恰是在秦始皇使分崩离析的中国统一起来的时候,欧洲新兴起来的马其顿帝国也统一了处在分裂混乱中的希腊,但是,这个马其顿帝国也仅经历了亚历山大一世与腓力二世，不过两代就走向灭亡了。

将秦朝取而代之的是汉朝，汉朝的第一位帝王是中国历史上最早的平民出身的君主，即所谓的"布衣天子"。在汉朝之前的封建时代，处于统治地位的人们是依靠自己尊贵的身份地位让民众臣服的，可是随着秦朝的灭亡和封建制度的瓦解，到了汉朝之后，贵族再也无法凭借尊贵的身份居于统治者之首了，统治者如果不凭借强权就无法服众。汉朝的帝王是凭借"汗马功劳"才得到帝位的。前面已经说过，袁世凯做皇帝依靠的不是"汗马功劳"，而是电台、报纸等宣传的力量，所以人们不服从于他。

汉高祖凭借武力征服天下之后，又想凭借武力去治理天下，然而当时的一位大学者向他进谏说，想要治理好如此大的一个帝国，一定要借助道德（也就是文化）的力量。汉高祖听从了他的建议并予以实施，从而让一度在中国大地上消失了的文明又再次出现在中国，秦朝那些苟延残喘下来坚持到汉初的学者又将孔子留下的蓝图重新进行了整理。

因此，在我看来，汉代的中国能够和欧洲罗马时代相媲美，在欧洲的罗马帝国分为东、西罗马的时候，中国的汉代也分成了东汉、西汉两个朝代。在西汉时期，虽然对孔子留下的蓝图已经开始有了研究，但那时还只是停留在研究探索阶段，因此还尚未充分理解孔子的学说。实际上政府还是凭借武力去管理天下。在这个时代，最兴盛的学派是"黄老学派"，可以和西方此时的斯多葛学派相对应。这个学派的思想存在一个大缺陷，那就是它教给人们的是"无为"，而非教给人们应当如何去做。之所以这样，主要还是因为当时的人还未真正理解孔子的学说。因此也就造成了儒者与侠士的大量涌现。司马迁的《史记》中也反映了这种情况。后世将这些儒者称作"乱道之儒"。而后一支名为"新学"的流派又兴起，但这"新学"却造成人们思想的迷惘混乱。再接着，就出现了相较于如今袁世凯的王莽。可以这么说，随着"新学"的出现，所谓的"名分大义"也就走向了消亡。每每在混乱时刻，中国都会出现这样的正邪之争。

现在我就在为捍卫名分大义而努力。中国现在所处的就是一个混乱的时代。

王莽被其他叛军消灭以后，光武帝建立了东汉王朝，他虽算不上什么伟大的学者，可是他具备伟人的很多优秀品质，他可以区分什么属于真正的学问，什么属于虚假、丑陋的思想，因为他的努力，中国的真正文明又恢复了过来，将孔子的学说当作国教的就是这个人。如果说在西汉时期孔子的教义仅是一种哲学的话，到了东汉就彻底地成为国教。此外，光武帝还在孔子庙中建立了一所学校，这所学校和法国苏伦坡大学有些类似，是伟人们用来演讲的场所。

正如上面所说的，中国的文明之花盛开在周代，灭亡在秦始皇时代，而到了东汉又出现了复兴，将孔子的学说奉为中国的国教。故此，最完善的人格特征出现在东汉，这个时代还出现了两本优秀的著作：《孝经》和《女诫》。可是东汉王朝并没有存在很久，这是由于它有一个致命缺陷，那就是仅注重"心"的方面。在周代，人们在"知"的方面予以了过度的热情，而到了东汉时代，一切又颠倒过来了，人们对"知"漠不关心，却在"心"上面下了极大的功夫。为了弥补此种缺陷，佛教哲学便开始兴起，而佛教也就是恰恰在此时传到了中国。佛教中"知"的方面，和孔子学说中"仁"的方面相结合，产生一种新思想，这就让中国又进入了一个浪漫时代，也就是三国时代。佛教给中国文明增添了很多色彩，同时也导致了混乱，中国的政治从此开始走向堕落，因此也就给少数民族的入侵提供了时机，而后也就出现了历史上的"五胡乱华"。这和现代中国遭受五个大国的入侵是一样的。而欧洲的古罗马帝国也是在五个蛮族集团的攻击下灭亡的。历史竟也这般相似，实在是很有意思。从那以后，五胡在中国统治了长达二百多年之久。

结束了五胡统治之后，紧接着的是六朝，而后是唐朝，这个时代的情况和欧洲文艺复兴时代类似，中国又一次出现了文化繁荣。因此，在我看来，现代中国文艺复兴时代也将会再一次出现。唐代的文化是十分美丽和纤巧的，但是，也正是因为它太过于美丽和纤弱，所以它很容易染上虫子，接着这些虫子就开始了对它的毁灭。这些虫子其实就是"文弱之病"，它造成社会的种种堕落，在男女关系方面更是十分糜烂，甚至宫廷里也出现了许多丑闻。以美貌闻名的杨贵妃便是那个时代的产物，正是由于这个杨贵妃，中国的历史又一次进入暂时的分裂期。

为了拯救流于纤弱的中华文明，一个推崇真正的孔子学说的学派也就是"宋代儒学"出现了。和欧洲相比，汉代儒学类似于古罗马的旧教，而宋代儒学相当于新教。我们都知道，欧洲出现了马丁·路德，新教派在他手中得以创立，而在中国发挥了和路德同样的作用的是韩愈，也就是他发起了一场"新儒学"运动。虽然韩愈出生在唐朝，可从他的思想行为进行考察的话，他具有的特质则是宋代的。宋代学者弥补了唐文化里存在的缺陷，尽力让中国文化趋向完美。为此，他们还纳入很多佛教的东西。

众所周知，佛教是一个具备严密体系及深刻内涵的宗教，它如同药引一般能够疗治唐代社会的疾病。所以当中国社会出现异常时，人们就开始去皈依佛教。因此到了宋代，随着佛教势力的扩张壮大，中国文化就开始显得偏于狭隘了。而现代的中国文明也和宋代一样陷入了困境。那时中国文明的停滞主要就是因为佛教思想进入了中国的思想领域。所以，不久前泰戈尔先生计划将印度的哲学带给中国时，我是持反对态度的。

如果将宋代和欧洲相比，那就是清教派兴起的时代。中国出现了朱熹学派，朱熹是一个伟大的学者，也可以将其当成韩愈之后的大儒。朱熹曾试图将宋代儒学视野狭窄的现状改变，让其可以包容万物、博大精深。后世明代的王阳明也有同样的想法，然而，朱熹主张一定要绝对按照孔子学说中所说的去做，这就有些近乎盲目地教人信服孔子的思想学说了。王阳明则不是这样，他主张按照"良知"，也就是常识去决定自己的行为，然后再去遵循孔子的教义。

我觉得这一点十分了不起。朱熹的学说是"学而不思"，而王阳明的学说是"思而不学"，年轻人最好是先学后思，既不要完全遵循王阳明的思想，也不要完全按照朱熹的学说，而现在中国面临的问题就是如何从儒学的束缚中脱离出来。我想可以凭借与西方文明的交流来将这个问题解决。这倒是东西方文明相互接触所产生的好处之一。

单单凭借学说外国话、住国外的旅馆或者跳跳西洋舞是不能领会西方文明的。大家不要仅学那些表面的东西,而要去领会认识它的本质,要想真正地步入文化的殿堂是十分不易的,并且没有捷径可走。我自身或许是因为才疏学浅,没有资格如此说,可我还是衷心希望,大家可以继续我从事的事业,加深拓展我们的学问,从而对世界文明的发展作出自己的贡献。

历史上之人与事与理

钱 穆

一

今天的讲题是"历史上之人与事与理"。

历史就是人事记载,"事"由人为,"人"则后浪逐前浪,一个时代与一个时代不同。事亦然,因此说历史不重演。但事必有理,"理"寓事中,事不同而理则同。如苹果落地,苹果各有不同,苹果所落的时与地亦不同,而苹果落地之理无不同。唯事易见而理难明。大而至于国家兴衰,民族存亡,散而成为政治、军事、外交、经济、教育,乃及学术文艺等各项工作;远而溯及千万年之上,近而及于眼前当身;形形色色,林林种种,莫非事,即莫非史。而每一事之背后则必有人。人生不过百年,一代代新人替换,事变不停续发,历史也就不断开新。亦有明属一事而不易见其为一事;亦有事虽易见而事中所寓之理则不易知。抑且事与事间实无界隔,此事可通那事,此时直透那时。

一部历史，过去、现在、将来，错综复杂，其实会通而观，则只是一大事。人人在此一大事中，事与事相涵，人与人相合；人无终极，事无终极。一部历史只成一大传统。抽刀断水水不断，前有千古，后有千古。

如我们在此讲堂讲此题目，过去的实未过去，未来的却已来到。例如，目前讲了三分钟，其实三分钟所讲并未过去，若过去不存在了，试问下面又从何讲起？故知过去实未过去，而未来实已来到。诸位虽未知我下面将讲些什么，而我成竹在胸，早已有了腹稿，下面定会如此讲。所以历史上过去的不一定过去，其实还存在；而历史上未来的也不一定未来，可能是早已来到。全部历史则成为一大现在，我们正当把握现在，不断地去奋斗创新。

普通认为过去事可知，未来事不可知，其实不尽然。例如，今讲堂桌上放此茶杯，不知何时何人在此放上，在我说来却不易知。此茶为我而设，我渴时可饮，饮后可以解渴，在我说来却极易知。又如，我在此讲话，如何发心决定讲此题，那时心境已如泥牛入海，浑化无迹，在此刻却成为不易知。但此下将讲些什么，则此刻已定，断然可知。

我们也可说，事不可知，而理必可知。诸位当先具有一信仰，即天地间任何事都离不了有一理。诸位当坚信，天地间无无理之事。合理则事成，失理即事败。理属公，欲属私。存了"私欲"，即昧了"公理"。欲合理，则所欲亦是公而事必成。欲违理，则所欲只是私而事必败。此理此事则断然可知。若理不存在，或有不信，则一切历史将无可说。

所谓"历史人物"，必然是一个能合理行事之人物。有如此人物，始能负起历史上所赋予的使命。我们当要有此智慧，有此胸襟与抱负。不合理的人物，则只能来使历史黑暗，甚至毁灭，使历史失其存在。

二

历史上有常然、必然、当然、偶然、或然的事与理。理有两方面：

一物理，为自然之理。

一伦理，为人事之理。

如日出、日落，春、夏、秋、冬，是常然、必然之理，我们亦称之为自然，此乃"物理"。人亦是自然中一物，如饥必食，渴必饮，各人必求保护其各自之生命，此亦自然之理。但自然之理之外尚有"人事之理"，人事都起于人之欲。有生之物皆有欲。人亦然，而更甚。"理""欲"对立，而理中无欲。例如，上帝主宰、太阳运行，此皆有理而无欲。无生物一顺自然，此亦有理无欲。有生物则各有一生命欲，然适者则存，即合理则得生，背理则必亡。人不能无欲，有生物中唯人之欲最多。例如，想吃鱼，又想吃熊掌，欲多了，不可兼得，当知挑选。吃鱼省钱，吃熊掌费钱，吃鱼易消化，吃熊掌不易消化，此等尚易挑选得宜。例如，你想当大总统，抑或想做皇帝，挑选便不易。法国的拿破仑，中国民初的袁世凯，皆曾对此经过了挑选。

历史上的得失成败，兴衰治乱，皆由人类内心"理与欲"之分合之分数多少而判，此乃人类历史一条不可易的铁律。有人不知此铁律，或不信此铁律。中国古人，因其最精通历史人事，故最能看重此一铁律之存在。理属自然，如天所命，故曰"天理"。欲则起自人生，由人所出，故曰"人欲"。中国古人极严天理、人欲之辨，但近代中国人则多不信此，说人欲便是天理，哪有外于人欲之天理。则试问袁世凯洪宪称帝，论其内心，究当如何说？若如中国古人说，此乃人欲非天理，岂不直截了当，明白确切，深入浅出，人人易知吗？

历史是否有命定？若专由"理"言，则历史有必然性，是命定的。因世界无无理之事，无理之事不得存在。故历史演进必然是合理的，亦可说是命定的。但理可以规定一切，范围一切，故事有常然与必然。而从另一面讲，理似不能推动一切，停止一切，至少从人事上讲是如此。推动与停止皆由人，故事有偶然与或然。袁世凯正式宣誓当了中华民国第一任大总统，忽然又想当起皇帝来，有此事，无此理，此乃一种偶然，非必然。若纯从历史事件看，只就其表现在外面的来看，则历史事件一切是偶然，无必然。因理虽必然，事则由人。人抱私欲，可以不必然。所以历史上有种种得失成败与兴衰治乱，而求其所以然之理，则只一无二。

所以人该能"知事明理"来自导其欲，使其所欲必当于理而无违无背，于是在人事上乃有一"当然"，中国古人称之为"尽人道"。但人道尽了，人事则仍无必然。例如，当时国父孙中山先生把总统位让给了袁世凯，也只是尽人道而已。此后之洪宪称帝，中山先生实也不能预知。而且也无从斡旋。就军事学上讲，则先为不可胜以待敌之可胜。因我之不可胜掌握在己，而敌之可胜则其权在人，如是则只有"待"之一法。

三

因此论历史人物,又该注意到"历史时代"。只有少数人卓然杰出,能开创出一新时代,主持一新局面,斡旋一新事业,此在政治、学术皆然。此乃有了人物,而始有此时代者。例如,中山先生之创建中华民国,可为有此人物乃有此时代之例。其他历史人物,则多为历史时代所囿,如中山先生同时,如康有为之主张保皇,袁世凯之帝制自娱,虽其间亦有不同,要之其为"时代所囿"则同。

人物有时扭转不过此时代,孔子亦叹"道之不行而归之于天",此处所谓"天",即指当时之历史时代。故孔子教人"知天命"。时代不可为,而圣人仍必有为,故曰"知其不可为而为之"。其不可为乃属于历史时代,乃天命。其仍必有为,乃属人之使命,亦仍是天命。人事无必然,此即历史之不能有必然;而天理则有必然。即使是一圣人,遵天行道,终不能要外面没有不可知之事来相干扰,故曰"尽人事",尽其在我之可知,留其不可知以待之天。当知常然中有理,偶然、或然中亦有理。孔子大圣,纵不能扭转其当身春秋时代之一切,以符其所理想。但孔子终成为一历史最大人物中之标准与榜样。只要人类历史存在,则孔子亦必与历史同存,永不褪色,永不黯淡。

再论历史事件,当知每一事件有其内在之情与其外在之势。"情"指其事之内涵意义,"势"指其事之外形方面之过程与趋向。若我们专从事之外面看,则不见其事之情。若我们专从事之目前与近处看,则不见其事有一势所必至之终极阶段。骤然看来,一切事都由于人之欲望而产生,但人之欲望实极有限,不能包括天地自然之一切。最要者，天地自然中有理，若欲而违背了此自然之理，即消失，即灭亡，无可幸免。故论事之情，人之欲望固占其重要分量；但论事之势，则理为之主。历史中一切事件，有情必有理。不能只说有情没有理，人的欲望便可单独决定了一切。历史究以理为主宰，理中亦可有情。"情"与"理"之离合，应评其分数。由人之欲望而生事业，事业即成历史。理之缺点，在其不能推动，不能开创，理只能在事的外面作决定。事的里面，则由人来作决定。所以人应"知事明理"，使一切事"情存势定"，而到达一终极之目标。

四

现在再讲到理，西方长处，在自然科学，即自然之理之一面。中国人重视历史，即人事之理之一面。自然之理较单纯而少变，人事之理则复杂而多变。中国广土众民，历史绵延达五千年之久，故中国人对人事之理独能深入而得其微妙之所在。西方东渐，乃挟其一种资本主义与帝国主义之混合力量而俱来。中国人根据自己以往历史传统之人事经验与道德观点，早知西方力量中毛病多。但迭遭挫败之余，震于当前，惑于亲受，认为西方力量乃是一种不可抗御不可逆犯的力量，而不知其势之终为不可久。或则识其情，或则昧其势，故中国人在民国前后对西方看法有不同。但当知，未必民国后所见全是，而民国前所见全非。例如，义和团，最先认为他们愚昧无知，稍后又认为他们有民族精神，此两观点，亦复各有是处。但只具一种精神而愚昧无知，固是要不得；力求理智而精神全丧，亦是要不得。

上面所讲"理"与"欲",理属天,故称"天理"。欲在人,故称"人欲"。双方亦该兼顾。需是天人不相胜,而达于"天人合一"之境界,此则需在分数上斟酌,而求其恰到好处则甚难。中山先生说"知难行易",此便是其例。

　　西方人太重在探求"物理",却不能深明"事理"。他们认为智识即是权力,提高欲望可以刺激前进。凭其富强可以宰制世界,无往不利。对外则灭人之国,亡人之种,扩展殖民地,漫无止境。知有"己"而不知有"人"。结果对内引起了大战争,第一次、第二次世界大战以迄今日,似尚不知彻底悔悟,其危害自身亦将不见所底止。

　　至于自然科学家,则认为可以征服自然,又不知人类本身亦在自然之内,人不能胜自己方面此一小自然,又如何能胜此小自然之外之大自然?

　　西方思想似乎只重向外,向外则只凭力量,此一观点最要不得,由中国古人看来只是一霸道。中国传统文化则是一王道。王道"可大可久",霸道则终必覆灭。此乃中国古人所发明的一条历史大原则,西方人不易了解,不易接受。这也罢了。但今天的中国人亦同样不了解,甚至说"中国不亡是无天理"。近代唯有中山先生一人巨眼深识,重再提出此"王道""霸道"之辨。此实是一条历史真理,人道真理,颠扑不破,值得我们来仔细探讨,仔细发扬。

　　即犹如洪宪称帝,在当时何尝无其所以然可言。但当知袁世凯在中国近代史上出现,只是一偶然,却断不是一必然与常然。西方人却以必然常然视之,岂不大误。但西方人顽固,主观深,理智浅,断不会听取我们的意见。此一事无足怪。回忆六十年前,在我童年时,他们西方人还认为中国可以瓜分,任由他们来宰割控制。只隔了六十年,到今天,他们又认为大陆政权不可动摇。是否他们认为六十年前只是一传统之旧中国,所以不值得他们重视。今天的大陆,已是接受了西方洗礼。共产思想亦是西方思想之一支流,所以他们又认为此刻已是一个摆脱中国旧传统的"新中国"了,所以他们才谈虎而色变呢。要之,他们一种欺善怕恶之心理,则始终不变。如此浅见薄识,又如何可和他们来谈历史演变与人类前途。

五

但这些都不足怪,更可怪的是,今天我们中国人中间也还有少数只论事,不知其求事之"情"与"势",更不论其事背后之"理"。听了外国人的话,自生疑惑,自生摇动。但我们要向此迈前,则只能靠人力和人事,不能靠天理与天命。若不善尽人事,则历史到底非命定,下面如何,我们终于不可知。举历史旧例言之,夏桀必亡是可知,若当时无一个商汤,则在中国历史上也可不见有商朝。商纣必亡是可知,若当时没有周武王与周公旦,下面是否会有如今历史上的一个西周,其事也难定。

历史只是一种人事记载,人事背后必然有一"天理"寓在其中,但不能只有天理无人事。天理只能限制人事,规范人事。只有"人事"可以表显天理,领导天理。历史需求"天人不相胜"而循至于"天人合一"。不能有天而无人;亦不能有人而无天。人之能事,在能"先天而得天时,后天而奉天道",历史由人来创造。

历史与现实

傅 雷

古人说"冬日读经,夏日读史";小时候完全不懂这两句话的道理。长大了,生活体验所得,才知夏日头脑昏沉,不易对付抽象而艰深的理论,非离开现实较远,带些故事性的谈物就难于接受。而历史,究其实也是一部伟大的冒险小说。别说史前史所讲的是货真价实的神话,即近古近代史都有野人记与《封神榜》的风味,一方面是荒诞怪异,令人意荡神摇;一方面又惊心动魄,富有启发警戒之功。在临危遇难的时节,历史尤有抚慰鼓励的作用。

整整八年(即抗战八年,编者注),全国人民仿佛过了一个冗长酷热的夏季。在悲愤郁勃、苦闷难宣的时期,的确是历史支持着我们,是历史激发了我们的民族意识,加强了忍辱负重抗战到底的决心:置生死祸福于度外之后,反而增添了挣扎的勇气。翻翻古今中外几千年的陈账,真正干净的能有几页几行!而这几页几行是血流成河的代价换来的。那么,我们的流亡迁徙,妻啼儿号,或许也能换得来日的和平安乐。至于日常琐碎的烦恼,悲欢离合的刺激，一比之下更显得微不足道了。

现实使人苦闷，焦躁，愤激，绝望；历史教人忍耐，明哲，期待，燃起——这是我们对明天的信心和希望——这是我们八年之中真切体验了的。

人，先天地受着历史决定，后天又从它学得对时空的观念。随着近代史学的发展，小我，大我，物我的界限，都逐渐泯灭了。单是地球年龄和生物进化年代的数字，就够警破我们营营纷扰的迷梦，唤醒我们被利欲熏糊涂了的心：陶朱公三聚三散而不知所终，郑通钱布天下而寄死人家，岂不显得聚敛无厌、藏金异国之徒的可笑可怜——一朝视野扩大了，从名利中解放出来，自大狂消失了，连人为万物之灵的虚骄气焰也灭杀了：个人固然万虑俱清，脱然无碍；社会也多一片干净土，少一批野心家，不至于谁都自命为亚历山大与拿破仑，谁都想做煤油大王、汽车大王。

再如人种起源史、宗教发展史，以及多多少少的战争史，更可破除迷信，摆脱偏见，去除猜忌仇恨，揭穿投机分子与爱国宣传家的面具，消弭一切愚妄而残酷的斗争。第一次世界大战后，威尔斯便想借公共的历史观念来促进公共的和平与全体的福利——可见在第二次世界大战结束，人类刚恢复平时生活而要确保未来的安宁时，现实的改善、幸福的追求、人类的进步，都需要历史的启示。

现实与历史原是互为因果，彼此衔接，不可分割的一个整体。历史是前人生活过的现实，现实是我们生活着的历史。而当前的事态，在吾国比过去任何一个时期更为紧急危险，民情惶惑，民怨沸腾，分不出是非黑白，分不出人兽鬼神：在此夕外患方去内忧未已的时节，我们更需要照照历史这面镜子。必将指出孰是生路，孰是死路，何者当生，何者当死。

首先，历史告诉我们：五胡乱华亡不了中华民族，辽金元亡不了中华民族，满洲人长久的统治亡不了中华民族。所以日寇纵横于十三省者八年，我们的信心未尝有一日的动摇。

同时，历史告诉我们：暴君的专制、官吏的贪污、诏狱的残酷、党祸的惨烈，只能断送一姓一家的朝代，只能影响一个民族进步的迟速，却不能毁灭它的生机。过去的现实够艰苦了，我们不曾灰心；将来即使再艰苦些，我们也不能灰心。因为我们的历史特别长，黑暗时期特别多，应该早把我们训练得如野蛮人一样，能在黑夜里见到光明。

世界在变，人类在变；不许变就要乱。过去一切大乱的罪魁祸首是妄想不变的人。路易十六倘不是那么昏庸，让群小包围，在三级会议中倘不是固执什么王朝法统、阶级成见，对人民的提案朝三暮四，应不致那么猛烈，路易自己也许不致上断头台。这是一个最显著的例子。而且真正促成中华民国诞生的，还不就是清朝北洋军阀？—为了不许变而采取最彻底的高压手段的，古莫如秦始皇：焚书坑儒，偶语弃市；然而经不起搏浪一二世而亡。今莫如纳粹组织；举国皆特务，特务皆科学；可怜它的政权还维持不到短短的十二年！所以事实证明：最不许变的人便是促进变的完成最努力的人。

其次，历史也告诉我们：为政之道千头万绪，归纳起来只有简单的两句老话，"顺天者昌，逆天者亡"，"天视自我民视，天听自我民听"。凡不愿被时代淘汰的，只有安安分分切切实实做人民的公仆。那时，不用武力，不用权术，不用正统之类的法宝，自会"天下定于一"，形成和平统一之局。反之，倘有什么"亡国之臣"当日暮途穷之时，妄想牺牲民意民命做最后挣扎，或扯着人民的幌子而为一党一派一己图私利的话，其结果必不会是"上帝祝福他"，而是"魔鬼把他带走"。

最后，历史更告诉我们：人民的权利是人民争回来的，不是特权阶级甘心情愿归还的。民主和自由，有待于我们的努力和牺牲。同时还须人人做一番洗心革面的功夫，检束自己，策励自己，历练自己：立己达人，才谈得到转变风气，澄清政治，踏上建国的大道。我们要牢记：政治的腐败，不是一个局部的病象，而是社会上每个细胞都不健全的后果。

总之，历史仿佛一个千百岁的长老，他有的是智慧的劝告和严重的警告。历史也犹如一条长流不尽的河——它自身也是无穷尽的时间中的一个小片段——经它的反映，眼前的现实不过是浪花水沫，个人的生命还不如蜉蝣、不如微尘。你要不被现实的波涛吞没，不被历史的洪流冲刷，只有竭尽你些微的力量，顺着后浪推前浪，跟着它前进。

考古发现与历史研究

翦伯赞

这次中央人民政府文化部主办的"全国基本建设工程中出土文物展览会",可以说是解放以来内容最丰富的一次历史文物展览会。

在这次展览会中展出的文物共有三千七百余件,全部都是新近在基本建设工程中出土的。以地域而论,北自松花江,南迄珠江,东自黄海边缘,西迄甘肃走廊地带,几乎全国各地都有文物出土。以时间而论,上自旧石器时代,下迄明代,几乎是贯通历史的全时代。以文物的种类而论,自石器、骨器、陶器、青铜器,以至漆器、瓷器、玉器、金银琉璃器等,几乎无所不有。像这样一个展览会,当然要在我们面前展开一幅具体、生动而又复杂的历史画面。

毫无疑问,这些来自全国各地的而又是新近出土的各种各样的历史文物,对于中国历史的研究,会提供极其丰富的新的资料。也是毫无可疑地,这些新的文物将对中国历史上的许多问题给予补充、订正,甚至要向中国的历史学家提出新的历史问题。

我以最大的兴趣参观了这次展览会。现在我把参观这个展览会的印象写在下面。

首先，我想说的是四川资阳出土的人类头骨。这个头骨化石被发现在第四纪更新统地层中，他和周口店山顶洞人是出现于同一地质时期，但他的头骨构造和山顶洞人的头骨构造很不相同。这个旧石器时代的人类头骨化石在四川的发现，对于我来说，是提出了一个新的问题。因为我在过去对于中国人类的起源曾经作过这样一个推论，即中国最初的人类是出现于华北靠近蒙古一带的地方。我这种推论的根据是过去在中国发现的旧石器时代的人类化石，如中国猿人、河套人、山顶洞人都是发现在北方。同时在中国发现的旧石器遗址也都在北方。现在，在四川发现了资阳人，我过去的推论就要重新考虑了。

资阳人的发现，不仅对中国旧石器时代人类的分布提出了新的问题，对旧石器时代人类体质的研究也提出了新的问题。在人类发展的过程中，资阳人应该安排在什么地方？这就是向人类学家提出的新问题。

其次，值得重视的是山西汾城县丁村发现的旧石器时代遗址和全国各地普遍发现的新石器时代遗址。展览会说明书上报告，华北区新发现的新石器时代遗址共有四十多处，其中三十六处在山西，分布在自黄河北岸越中条山向北沿汾河上溯至太原义井村。新石器时代遗址也遍布华东各省，四年来在华东各省发现的达七十处以上。中南区也清理了五个新石器时代遗址。在四川绵阳县石塘乡边堆山，在甘肃永登县红沙沟口，都发现了新石器时代遗址。此外，在松江省（今黑龙江省）依兰县发现了倭肯哈达洞穴的新石器文化。汾城的旧石器时代遗址和遍及全国的新石器时代遗址的发现，毫无疑问，将使中国原始社会的历史从地下放出更大的光辉。

旧石器时代遗址，过去的发现很少，在山西境内的发现还是第一次。新石器时代遗址，过去也发现得不多，大抵在中国北部，在中国南部发现的只有香港附近的泊寮洲（亦称舶寮岛，今称南丫岛）广东海丰和浙江良渚等几个地方。这次在华东、中南和西南各地普遍发现，也是新创的纪录。即因石器时代遗址在南方发现很少，就使人们产生一种错觉，以为直至新石器时代，中国的南部还是一片没有人烟的荒原。我过去曾根据极其薄弱的证据企图证明在新石器时代中国的南部已有人类的活动。我说在旧石器时代末期或新石器时代初期有一种南方系统的文化分作两支由中国的南部向北发展，一支沿东南海岸北进，另一支由西南山岳地带北进，现在看起来，我的这种推论是有被证实的希望的。假如江西、湖南的新石器文化是属于南方的文化系统，则新的资料对于我的推论是作了有力的补充，即南方系统的新石器文化不仅是分作两支向北发展，而且是全面地向北推进。

新石器时代遗址的资料，据展览会说明书所载，在淮安青莲岗发现了与河南彩陶相似的彩陶片，在河南禹城白沙水库工地、甘肃永登、山西临汾都发现了彩陶。此外在淮河流域发现了标准黑陶。这些新的发现，对于彩陶与黑陶两种文化的分布，提出了新的资料。特别值得指出的是，在临汾遗址中与彩陶同地发现白陶（无花纹），这对过去认为白陶是殷人独有的文化的说法提出了异议。

由于石器文化发现很少，中国原始社会的历史直到现在还隐蔽在神话与传说之中,把这一段历史从神话与传说中洗刷出来是很有必要的,虽然这一段历史属于太古时代。正如恩格斯所说:"这个'太古时代'在一切情况之下,对于所有未来的世代来说,总还是一个非常有趣的时代,因为它建立了全部往后更高发展的基础,因为它的出发点是人从动物分离出来,而它的内容则是克服将来集体的人们所永远不会再遇到的那些困难。"(《反杜林论》)

第三,说到新发现的殷代文物。解放以来,在河南辉县琉璃阁(此会未展出),在郑州二里岗,在陕西岐山县青化镇,在安徽、山东境内都发现了殷代文化,其中特别重要的是辉县琉璃阁和郑州二里岗两个殷代文化遗址。辉县琉璃阁遗址有殷代早期的灰土坑,也有殷代晚期的墓葬。在这里出土的文物中值得注意的是殷代早期的文物,如石器和稍加磨制的骨角器、具有不整齐的钻凿的卜骨、留有制造过程中留下来的绳印纹的陶器和铜箭头,等等。陶埙(一种乐器)也在这里初次出土。在安阳殷墟还有骨制、石制的埙出土。这些文物为早期的殷代历史研究提供了一些资料。郑州二里岗遗址有殷文化层,也有殷以前的黑陶文化层。在这里出土的殷代遗物有字骨、黑色陶器、带釉陶器,这种带釉陶器质坚、火候高,简直有些类似最原始的瓷器。此外,在岐山县青化镇出土的殷代遗物有玉刀、铜尊等铜器。安徽、山东所发现的殷代文化与安阳殷墟的遗物十分近似。

这些遗址和遗物对殷代历史提出了一些什么问题呢?我以为,首先是扩大了我们对殷代文化的领域的观点。过去我们一提到殷代就只想到安阳殷墟,对于殷墟以外毫无所知。现在我们至少已经知道除安阳殷墟以外，还有辉县的琉璃阁、郑州的二里岗也曾经是殷代文化的繁荣之地。

此外是对殷代早期的历史提供了新的资料，至少提供了新的线索。过去我们对殷代的认识，由于资料的限制，只是限于盘庚迁殷以后；对盘庚以前的殷代历史，还是传说中的一点知识。现在虽材料不多，但辉县和郑州二里岗的发现却给我们一个启示，即殷代早期的史料是可以在河南、山东境内找到的。郑州遗址发现与殷文化层相叠的黑陶文化层，这虽然不能证明黑陶与殷文化有直接的承袭关系，至少可以说它们有某种交替关系。

由于殷墟发掘和甲骨文字的通读，中国的史学家对于殷代历史的研究过去是比较有成绩的。但也应该承认，由于资料的限制和研究方法的陈旧，对于殷代历史的研究还是很不够的。以地域而论，只是限于安阳一地；以时间而论，只是限于盘庚以后。因此，在过去的基础上，结合新发现的文物对殷代历史作进一步的研究，就成为中国历史学家今后的任务。殷代历史的究明是重要的，因为殷代历史发展的过程就是中国私有财产和奴隶制国家成立和发展的过程，这种过程的究明对于后来的封建社会历史的研究是具有重要意义的。

第四，说到西周、春秋、战国时代新出土的文物。西周和春秋时代的历史文物，解放以后出土不多，只有洛阳白马寺工地发现的二十几座古墓有一部分是属于西周和战国时代的。此外，在河南陕县发现了一些春秋时代的铜器。战国时代的文物发现很多。在河南洛阳、辉县（此会未展出），在湖南长沙，在山西河津，在辽东鞍山，在热河兴隆（今河北省承德市兴隆县）及中南区的治淮工程中都有发现。其中值得重视的是长沙、辉县、鞍山和兴隆的发现。

长沙发现了战国时代的漆器、木俑、竹席、竹简、船和车的模型、缣制品、雕花木板、金锭,等等。其中,竹简是首次发现。

辉县发现的战国时代的遗物中有刻纹细致的铜器,有仿铜器花纹图案的彩绘陶器,有各种兵器,错金镶玉嵌珠及镂花金银片等精巧的工艺品,还有战国时代的一块祭肉至今未腐。更重要的是在这里的固围村战国墓中发现的大批战国时代的铁制生产工具,其中有犁、锡、锄、斧、铲、凿、刀、匕首等。

鞍山的战国遗址中也出土了大批刀币和铁制农具。更重要的是热河兴隆的发现。在兴隆的古代冶铜遗址附近发现了战国时有字的铸造生产工具的铁范八十七件,重一百九十余公斤,其中有铸造锄、斧、锂、镰、凿、车器等生产工具的铁范。

这些新出土的文物说明了战国时代中国工艺制作的技术已经达到相当高的水平。特别是大批铁制生产工具的发现,更是有力地说明了铁制的生产工具的使用在战国时已经极为普遍。尤其是辽东鞍山发现铁制农具和热河兴隆发现铸造生产工具的铁范,更说明了当时的铁制生产工具已经不仅普遍应用于当时文化发达的中原地区,而且也应用于当时中原以外的边远地方了。

我们知道,从铁制生产工具的发明到普遍使用,需要一段时间;从文化发达的中原地区的普遍使用到某些边远地方的使用,又需要一段时间;从边远地方的使用到自己制造乃至大规模制造,又需要一段时间。因而热河兴隆发现的八十七件铸造生产工具的铁范的出现,应该是铁制生产工具在中原普遍使用很久以后的事情。从而也暗示了中国铁器的发明和应用是很早的。

由于考古发现不多,资料不足,关于西周、春秋、战国的历史,特别是关于西周的社会性质,一直到现在,在中国历史学家之间还没有一致的意见,有的说是奴隶社会,有的说是封建社会。究竟是什么社会,这就需要更多的地下发现提出实证,也要更深入、更谨慎地研究《诗经》、金文及其他有关的古典文献。我在十几年前曾经主张过西周是封建社会,我当然希望新的考古发现能够确切地证实我的主张;但也许我的主张在新的考古发现之前被否定。因此,我从来没有想过要在科学面前坚持自己的主观成见,在科学面前应该服从真理。

第五,两汉的文物,解放以来发现最多。在洛阳西北发现的五百多座古墓,其中百分之九十以上是汉墓。仅从二百四十六个墓葬的清理中就出土了汉代文物一万六千余件。此外,在河南辉县、禹县,在陕西长安,在甘肃古浪,在湖南长沙,在广东广州,在四川成都,在热河兴隆,在辽东鞍山等都有发现。

在出土的文物中包括各种各样的东西,其中最值得注意的是汉代的生产工具。生产工具,各地都有发现。例如,在洛阳发现了汉代制的铲、锄、锛、犁、斧。在辉县琉璃阁汉墓中发现了铁刀,在河南白沙水库发现了汉铁铲,在陕西长安发现了汉代铁制的镰、锯、剪、锥、锨、凿、斧,在甘肃古浪黑松驿发现了汉代铁制的铧、斧、锛、锄,在辽东鞍山发现了汉代的铁锄。此外,在热河兴隆古采矿坑井附近发现了汉代刻字铜块七件,刻有东若干西若干字样,有的加刻"二年"两字,现存的最大数字是"东十六""西六十",这很可能是当时热河东西两炼铜厂炼出来的原料。

除这些铁制的生产工具外,最重要的是洛阳出土的各种农产物的标本,其中现存的有谷、黍、稷、薏仁、粱、稻、谷子(小米)等七种,没有实物而仅在贮存谷物的陶器上留有名字的有麻、粟、稻米、大麦、小麦、大豆、小豆、黍粟、粱米、麹、白米等十一种。这些遗物和谷物名称的发现,具体地说明了汉代农作物的种类。除农产品外,在宝成铁路南段出土了汉代陶制水田明器,在洛阳出土了汉代灌溉设置的模型。这些都对汉代农业生产的研究提供了最好的资料。

其次是有关工艺方面的文物,如各种各样的铜器、绘文陶器、漆器、丝织物等。特别是漆器和丝织物传播的范围非常广泛,东至辽东,西至新疆,北至内蒙古,南至广东。这就说明汉代的文化对当时国内各族人民起了极大的启蒙作用。

再次次是反映汉代人民生活的各种殉葬的陶制的明器,如房屋、炉灶、水井、猪圈、牛车等。此外还有各种日用器皿,其中记有年代的洛阳出土的汉初平元年(190年)的朱书陶罐,甘肃古浪出土的刻有"大司农平斛建武十一年正月造"铭文的铜斛。此外还有广州出土的仿葫芦器、陶匏和一个木船的模型,木船左右各五桨,中有重楼。这些同是属于汉代的东西,各地制作的形式大同小异,反映出时代的共同性,也反映出浓厚的地方色彩。

此外还有很多艺术品,如画像石、空心砖、墓壁彩画,以及绘有花纹的陶器,等等。成都出土的画像砖,刻有山水、人物、杂技、房屋、车马、花鸟、宴会、采莲等各种不同的写生画。望都东关外出土的汉墓壁画,绘有人物,人物衣文的画法似乎已应用了简单的渍染。沂南出土的画像石刻有居舍、百戏、祭祀等图画。这些雕刻或绘画反映了当时艺术的风格和内容,也反映了当时人民的生活。

出土的汉代文物是丰富的,它们简直可以再现汉代人民的社会经济生活方式乃至艺术生活,这在过去是不可能的。过去研究汉代的历史几乎完全依靠文献上的史料,因而说来说去总是带着抽象的性质,有了这些发现,就可以使汉代的历史从纸上浮凸出来了。

最后说到汉以后的文物。自六朝历隋、唐、宋、元以至明代的展出品中,主要的是艺术品,如陶俑、雕塑、壁画、饰物,等等。

这里展出的陶俑甚多,其中引人注意的有西安草场坡出土的北魏陶俑。北魏的陶俑除各种生活用品以外,出现了马上奏乐的骑士、披甲的马和歌手。咸阳底张湾出土的北周陶俑,也有骑士和披甲的马。这类陶俑的出现,反映出好战而又爱好音乐的鲜卑人的生活。隋墓中出现了贴金的武士俑。唐墓中出现了游山俑群,其中有男有女,或坐,或立。这都是陶俑中首次发现的。此外,在济南祝店元墓出土的陶俑中出现了色目人,这也是稀有的。

在展出的雕刻中,最引人注意的是河北曲阳修德寺废墟附近发掘出来的自北魏至唐的石造像(共有二千二百余件),这些石造像大部分都把头打去了。有人怀疑是被古董商人切下盗卖了。但这批石造像是埋在辽文化层下面的,如果盗卖,必须翻动辽文化层,而辽文化层没有翻动。这批石造像之被斩首,我想可能是在唐武宗会昌五年（845年）即"毁天下佛寺"的那年，因为这里的石造像都是会昌五年以前的。在石造像中，还有北京市区内的唐墓中出土的五尊兽首人身的十二辰石刻像，也是罕见的艺术品。

在展出的壁画中，最有意义的是河南禹县出土的北宋哲宗元符二年（1099年）赵大翁墓的壁画。这幅壁画的主题是描绘赵大翁夫妇的地主生活。其中一幅描绘的是赵大翁夫妇接受佃农的贡物，其中有献酒的，有献钱的，也有献布帛的。另一幅描绘的是赵大翁家中的一个少妇在查点从农民剥削而来的金锭，在桌上、在地下到处是金锭，可以说是"金银满堂"。

还有一幅描绘一个少妇梳妆，在她的旁边有四个侍女侍立，手里都拿着梳妆用的东西。这几幅壁画很生动地表现出北宋时的地主生活，也表现出当时的农民被迫把自己的生产物献给地主的情形。还有在四川明墓中发现的色彩鲜艳的建筑彩画，对建筑史的研究提供了最好的资料。

此外，在展出品中，有各地出土的六朝青瓷，唐长安故城含元殿遗址附近出土的三彩釉陶女俑，洛阳出土的唐三彩陶器，各地出土的宋瓷，北京附近董四墓村明妃墓出土的赤金器皿和首饰，吉林敦化牛顶山古渤海国贞惠公主墓出土的陶瓶鎏金饰物碎片和金环等。这些都表现出各时代的工艺品的特色。

自汉以后的展出品虽然主要是艺术品，但艺术品的本身就是历史产物。一定的历史时代的艺术反映一定历史时代的艺术家的思想活动，而艺术家的思想活动又生根于社会物质生活条件之中，生根于社会存在之中，因而它就是社会存在的反映。怎样从艺术品中找出社会生活的反映，这就是我们的任务。自然，从这些艺术品的题材风格找出艺术自己发展的道路，也是必要的。

没有疑问，这次展出的历史文物，对中国的史学家将引起极大的兴趣。问题就是要进行研究，只有通过细致的研究，即把个别的文物联系到它在地下的存在状况，联系到与它同时出土的其他文物进行研究，才能通过这些文物揭示历史发展的规律。仅靠展览会中的一度浏览，是不能作出任何结论的。

伟大的国家经济建设替中国的考古事业开辟了广阔的道路。现在已经不是几个人、几十个人在某一遗址打探沟，而是成千上万的劳动人民为了奠定基本建设的基地而大规模地翻动祖国的地层。现在已经不是一个、两个遗址和墓葬的发掘问题，而是数以百计的遗址、数以千计乃至一万以上的古代墓葬的发掘问题。现在我们的考古学工作者再不会徘徊于古代文化废墟，望着荒烟蔓草、断碑残碣发出浩叹，而是怎样制订计划、组织力量去进行调查发掘，怎样提高自己的理论水平与业务水平去进行整理研究。现在我们的文物工作者已经不是坐在冷冷清清的文化宫殿"抱残守缺"，而是以极大的努力把越来越多的考古发现在越来越大的展览会中"推陈出新"。

我们的历史研究工作者也不应望着考古的发现视若无睹，以为自己的责任只是咬文嚼字、寻章摘句；而是要以更大的努力不断地向考古发现吸收知识去丰富中国的历史，补充和订正中国的历史，把考古的发现应用到历史研究和历史教学中去，使这些发现成为对人民群众进行爱国主义历史教育的教材。

考古事业的新时代来了，我们将以最大的注意迎接新的发现。

正史以外的诸史

翦伯赞

正史以外的诸史，种类繁多，如前所述，有编年史、纪事本末及通典、通考等。这些书，或以事系年，通诸代而为史；或标事为题，列诸事以名篇；或以事为类，分部类以成书。它们在写作的方法上，都能自成一体；但在史料方面，则并不多于正史，而且大半皆由正史中网罗、搜括而来。因此我们如果为寻找新的史料，以补充和订正正史，就必须求之于史流之杂著。

史流杂著，由来甚古，早在所谓正史出现之前，即已有之。例如，《山海经》《世本》《国语》《国策》《楚汉春秋》之类的古史，论其体裁，皆系杂史；论其著书之时代，皆在《史》《汉》之前；且为《史》《汉》之所取材。自汉、魏以降，此类著作，仍与所谓正史殊途并鹜，平行发展。南北朝初，已蔚为大观。仅就裴松之注《三国志》所引之杂史，即有一百五十余种。至于宋代，由于印刷术的发明和应用，私家著作得以刊行，而史部杂著，亦日益繁复。降至明清，则此类著作，洋洋乎浩如烟海了。

史部杂著，种类甚多，体裁不一，要之，皆与正史有别。论其体裁，既不一律皆为纪传体；论其性质，亦不如《史记》《南史》《北史》通诸代而为史，又不如《汉书》《后汉书》等断一代以成书，而皆系各自为体之随手的记录，故其为书，皆零碎断烂，非如正史之有系统。

关于史部杂著，刘知几曾为之别为十类："一曰偏纪，二曰小录，三曰逸事，四曰琐言，五曰郡书，六曰家史，七曰别传，八曰杂记，九曰地理书，十曰都邑簿。"这样的分类，虽过于琐碎，但却可以显出史部杂著的诸流别。徇此流别以观史部杂著，则纷乱一团之史部杂著，亦能类聚流别而形成其自己的系统。

刘知几所谓偏纪，即其书所记录的史实，并非始终一代；换言之，非断代的专史，只是记录某一朝代中的一个段落，或当时耳闻目见之事。这种史实，或不见正史，或见正史而记载并不详尽，于是有偏纪之作。

刘知几曰："若陆贾《楚汉春秋》、乐资《山阳载记》（山阳公，汉献帝禅魏后之封号）、王韶《晋安帝纪》、姚最《梁昭后略》，此之谓偏纪者也。"这一类的著作，以后最为发展，或截录时，或专记一事。前者如五代王仁裕之《开元天宝遗事》、宋李纲之《建炎时政记》《靖康传信录》，明李逊之《三朝野记》、钱士馨《甲申传信录》之类皆是。后者如宋曹勋《北狩见闻录》、蔡鞗《北狩行录》、洪皓《松漠纪闻》、辛弃疾《南渡录》，明归有光《备倭事略》、吴应箕《东林本末》，清吴伟业《复社记事》、王秀楚《扬州十日记》、朱子素《嘉定屠城纪略》、李秉信《庚子传信录》、王炳耀《中日甲午战辑》等，不可胜举。

小录所以记人物，但并不如正史总一代之人物而分别为之纪传，而是仅就作者自己所熟知的人物为之传记。小录上传记的人物，或不见正史，或见正史而于其平生事迹不详，故有小录之作。刘知几曰："若戴逵《竹林名士》、王粲《汉末英雄》、萧世诚（梁元帝）《怀旧志》、卢子行《知己传》，此之谓小录者也。"这类著作，后来亦继有撰著，如明朱国桢《皇明逊国臣传》、张芹《建文忠节录》、黄佐《革朝遗臣录》，清陆心源《元佑党人传》、陈鼎《东林列传》、李清臣《东林同难录》、吴山嘉《复社姓氏传略》、彭孙贻《甲申以后亡臣表》等皆是也。

逸事记事亦记言，但不是重复正史，而是补正史之所遗逸，故其所载之事或言，皆为正史所无。刘知几曰："若和峤《汲冢纪年》、葛洪《西京杂记》、顾协《琐语》、谢绰《拾遗》，此之谓逸事者也。"这类著作，后来向三个方向发展：其一为辑逸，即从现存的文献中，搜集古书的逸文，辑而为书。其二为补逸，即根据其他书类增补史籍上的遗漏，或就原书注释，另为史补一书。其三为存逸，即作者预知此事，若不及时记录，后来必然湮没，故因其见闻而随时记录之。

辑逸与补逸，其性质已属于逸史之收集与补充，唯存逸则属于逸史之创造。此种存逸之书，明、清之际最多，如明应喜臣《青磷屑》、史惇《恸余杂录》、无名氏《江南闻见录》《天南逸史》、黄宗羲《海外恸哭记》、夏允彝《幸存录》、夏完淳《续幸存录》，清陈维安《海滨外史》、邹漪《明季遗闻》、罗谦《也是录》，以及搜集于《荆驼逸史》及明季《稗史》中之各种野史，都可以列入逸史之类。

琐言所以记言，但并不如正史所载皆系堂皇的诏令章奏及君臣对话，而是小说卮言，街谈巷议，民间言语，流俗嘲谑。故其所记，亦系正史所无。刘知几曰："若刘义庆《世说》、裴荣期《语林》、孔思尚《语录》、阳松玠《谈薮》，此之谓琐言者也。"此类著作，在宋代最为发达，如周密《齐东野语》《癸辛杂识》、朱彧《萍洲可谈》、张知甫《可书》、王辟之《渑水燕谈录》、刘绩《霏雪录》、洪迈《夷坚志》、曾敏行《独醒杂志》、张师正《倦游杂录》、无名氏《续墨客挥犀》等皆是也。

郡书记人物，但不如正史所载，网罗全国；而仅录其乡贤，故其所录人物或不见正史，或见正史而不详。刘知几曰："若圈称《陈留耆旧传》、周斐《汝南先贤传》、陈寿《益部耆旧传》、虞预《会稽典录》，此之谓郡书者也。"此种著作，后来亦续有撰述，如宋张齐贤《洛阳搢绅旧闻记》、宋句廷庆《锦里耆旧传》、元刘一清《钱塘遗事》、元王鹗《汝南遗事》等皆是也。但更后则发展为地方志，如省志、府志、县志之类，史部中独立出来，成为方志之书。

家史记一家或一族之世系，但并不如正史上之世家，仅记贵族之世系；而是作者追溯其自己之家世，或任何不属于贵族者之谱系。刘知几曰："若扬雄《家谍》、殷敬《世传》、《孙氏谱记》《陆宗系历》，此之谓家史者也。"这种著作，渊源甚古，如司马迁作《三代世表》所根据之《五帝系谍》就是记录氏族世系之书。自魏、晋迄于六朝，学者多仿《史记》"世家"遗意，自为家传。齐、梁之间，日益发展，郡谱、州谍并有专书。

《通志·氏族略·序》曰："自隋唐而上，官有簿状，家有谱系。官之选举，必由于簿状；家之婚姻，必由于谱系。历代并有图谱局，置郎、令史以掌之，仍用博通古今之儒，知撰谱事。凡百官族姓之有家状者，则上之官，为考订详实，藏于秘阁，副在左户。若私书有滥，则纠之以官籍；官籍不及，则稽之以私书；此近古之制，以绳天下，使贵有常尊，贱有等威者也。所以人尚谱系之学，家藏谱系之书。"

若晋之贾弼、王宏，齐之王俭，梁之王僧孺等，各有百家谱。又如，刘宋何承天撰《姓苑》，后魏《河南宫氏志》，都是谱系之书。谱系之学，至于唐而极盛。唐太宗命诸儒撰《氏族志》一百卷，柳冲撰《大唐姓氏录》二百卷，路淳有《衣冠谱》，韦述有《开元谱》，柳芳有《永泰谱》，柳璨有《韵略》，张九龄有《姓林》，林宝有《姓纂》，邵思有《姓解》。自是以后，迄于今日，民间望族，大抵皆有其自己之谱牒。此外与族谱并行，尚有后人考证古人家系之书，如罗振玉《高昌麴氏年表》《瓜沙曹氏年表》，以及许多个人的年表，不可胜举。这些，都是属于家史之类。

别传所以传人物，但并不如正史列传，仅录其大事，而是委曲细事，详其平生。亦不如小录，仅传其所熟知之人，而是认为其人有作别传之价值。也不如郡书，仅录其乡贤，而是就全部历史人物中，选择其别传之主人。一言以蔽之，别传是从全部历史人物中选择一种在历史中占重要地位的人物，为之作专传。这种人物，或不见正史列传，或见正史列传而不详，或已见于小录、郡书，或不见于小录、郡书。

刘知几曰："若刘向《列女》、梁鸿《逸民》、赵采《忠臣》、徐广《孝子》，此之谓别传者也。"这种著作，在史部杂流中，也很发达。例如，唐郑处诲《明皇杂录》、李德裕《明皇十七事》、姚汝能《安禄山事迹》，宋王偁《张邦昌事略》、曹溶《刘豫事迹》，明杨学可《明氏（明玉珍）实录》、吴国伦《陈（友谅）张（士诚）事略》、王世德《崇祯遗录》、邵远平《建文帝后记》，清钱名世《吴耿尚孔四王合传》，以及美人林白克《孙逸仙传记》等，皆属于别传之列。

杂记所以录鬼怪神仙，但并不如正史五行志专载征祥灾异，符瑞图谶，拉扯天变，附会人事；而是记录闾巷的异闻，民间的迷信。刘知几曰："若祖台《志怪》、干宝《搜神》、刘义庆《幽明》、刘敬叔《异苑》，此之谓杂记者也。"杂记之书，后亦续有撰著，然以事涉荒唐，不被重视，故作者较少，然亦常散见于各种笔记、野史之中。更后则发展为神怪小说，如《封神》《西游记》《聊斋志异》之类。

地理书所以志地理，但并不如正史地理志（或郡国、郡县、州郡、地形、职方诸志）皆千篇一律，总述一代之疆宇、郡国、州县、人口、物产。而是有各种各样的体裁，其中有总述一代之疆域者；但其最大的特点，则在专志一地，其所志之地，或为其本乡，或为其曾经游历之异域。而其内容，则侧重于山川形胜、风俗习惯。刘知几曰："若盛弘之《荆州记》、常璩《华阳国志》、辛氏《三秦》、罗含《湘中》，此之谓地理书者也"。地理书以后向三个方向发展：其一衍为方志，如唐之《元和郡县志》，宋之《太平寰宇记》《元丰九域志》，明、清《一统志》之类是也。其二游记，如晋法显《佛国记》，唐玄奘《大唐西域记》，元长春真人《西游记》、耶律楚材《西游录》、马可·波罗《游记》，明马欢《瀛涯胜览》、费信《星槎胜览》、严从简《殊域周咨录》、黄衷《海语》、顾玢《海槎余录》、朱孟震《西南夷风土记》，清徐弘祖《徐霞客游记》、陈伦炯《海国闻见录》、杨宾《柳边纪略》、洪北江《伊犁日记》《天山客话》，陆次云《峒溪纤志》，魏祝亭《荆南苗俗记》《两粤傜俗记》等是也。

此外，则为地理之历史的考证，此类地理考证之书，在清代著述最多，不及列举。

都邑簿所以记宫阙陵庙，街廛郭邑，辨其规模，明其制度。按历代都邑，正史无专志，故都邑簿，是所以补正史之所不及。刘知几曰："若潘岳《关中》，陆机《洛阳》《三辅黄图》《建康宫殿》（魏杨衒之《洛阳伽蓝记》、马温之《邺都故事》），此之谓都邑簿者也。"此类著作，以后各代亦有撰述，如宋周密《南宋故都宫殿》《武林旧事》，耐得翁《都城纪胜》，吴自牧《梦粱录》，孟元老《东京梦华录》，清余怀《板桥杂记》，雪樵居士《秦淮见闻录》，捧花生《秦淮画舫录》，许豫《白门新柳记》，西蜀樵也《燕台花事录》等书，虽其目的，或非专为记述都邑，而皆能保存若干都邑状况之史料。

综上所述，可知中国史部杂著之丰富，其中自记事、记言、记人，以至记山川物产、风俗习惯、宫阙陵庙、街廛郭邑、神仙鬼怪，无所不有。自一国之史以至一地之史，一家之史，一人之史，无所不备。以上十类，虽尚不足以概括史部之杂著，但大体上，已可由此而挈其要领。

此等杂史，虽其写作体裁不及正史之有系统，行文用字不及正史之典雅；但因杂史所记，多系耳闻目见之事，而且其所记之事又多系民间琐事，故其所记，较之正史，皆为真切，而且皆足以补正史之遗逸缺略乃至订正正史之讹误。特别是因为杂史不向政府送审，没有政治的限制，能够尽量地暴露史实的真相。所以，有时在一本半通不通的杂史或笔记中，我们可以找到比正史更可靠的史料。

例如，正史记事，限于政治，不确；限于篇幅，不详；而偏纪之类的书，则能正其不确，补其不详。例如，《宋史》载徽、钦北狩，不详。读辛弃疾《南渡录》等杂史，则徽、钦二帝北狩的行程及其沿途所受的侮辱，历历如见。《明史》载倭寇之战不确，读朱九德《倭变事略》等书，则知当时商人勾结倭寇，明代官兵望敌而逃之实情。清兵入关对中原人民的大屠杀，将来清史，未必全录；但是有了《扬州十日记》《嘉定屠城记》等书，则知清兵入关，其屠杀之惨是严重的。

正史记人，皆根据其政治地位，为之纪传；其于草野之士，虽亦间有别为隐逸列传者，但被录者少而被遗者多。有了小录、郡书、家史、别传之类的书，或记其熟知之人，或记其乡土之贤，或自叙其家族之世系，或详记一人之平生，则正史所遗者因之而传；正史所略者，因之而详。例如，《三国志》上的许多人物纪传，大抵皆以此种杂史为蓝本而记录出来。例如，以小录而论，则有魏文帝《典论》、鱼豢《典略》、孙盛《魏略》、王隐《蜀记》、张勃《吴录》等。以郡书而论，则有《汝南先贤传》《陈留耆旧传》《零陵先贤传》《楚国先贤传》《益部耆旧传》《冀州记》《襄阳记》《江表传》等。以家史而论，则有《孔氏谱》《庾氏谱》《孙氏谱》《嵇氏谱》《刘氏谱》《诸葛氏谱》等。以别传而论，则有吴人《曹瞒传》《陈思王传》《王朗家传》《赵云别传》《华佗别传》等。《三国志》如此，其他各史，大抵皆然。

总之，凡正史列传中所不载或不详的人物，我们有时可以从杂史上找到。例如，《宋史》载宋江的暴动，合《徽宗纪》《侯蒙传》《张叔夜传》三处所载，不过百余字，简直看不出宋江是怎样一个人。但我们读《宣和遗事》、周密《癸辛杂识》及龚圣与《三十六人赞》，则梁山泊上的三十六个英雄，有名有姓有来历了。

正史载言，多录诏令章奏，至于街谈巷议，则很少收入；而诏令之类的文字，又最不可信。《史通·载文》曰："凡有诏敕，皆责成群下。但使朝多文士，国富词人，肆其笔端，何事不录。是以每发玺诰，下纶言，申恻隐之渥恩，叙忧勤之至意。其君虽有反道败德，唯顽与暴；观其政令，则辛癸不如；读其诏诰，则勋华再出；……是以行之于世，则上下相蒙，传之于后，则示人不信。"这就是说，政府的文告是最不可靠的史料，因为历代的统治者，都是满口的仁义道德，一肚子男盗女娼，好话说尽，坏事做绝；但是有了琐言一类的杂史，则民间言语，亦获记录，而此种民间言语，则最为可信。

例如，《宋史》载宋、金战争，只记胜败，读周密《齐东野语》，其中载宣和中，童贯败于燕蓟，伶人饰一婢作三十六髻，另一伶人问之，对曰："走为上计（髻）。"由此而知，宋代官军，只知向后转进。又张知甫《可书》有云："金人自侵中国，雅以敲棒击人脑而毙。绍兴间有伶人作杂剧戏云：'若欲胜金人，须是我中国一件件相敌乃可，且如金国有粘罕，我国有韩少保，金

· 70 ·

国有柳叶枪,我国有凤凰弓,金国有凿子箭,我国有锁子甲,金国有敲棒,我国有天灵盖。'"由此又知,当时南宋政府对付金人,只有凭着天灵盖去领略金人的敲棒。

此外,如曾敏行《独醒杂志》讽刺宋朝政府滥发货币,洪迈《夷坚志》讽刺宋朝宰相的贪污,岳珂《桯史》讽刺南宋的统治阶级把徽、钦二帝抛在脑后等,都是以琐语而暴露社会经济和政治的内容;而被暴露的事实,又都是正史上所没有的。

正史记事,多有遗逸、逸事之类的书,即所以补正史之遗逸。例如,武王伐纣,《尚书》《史记》只说武王伐罪吊民,读《逸周书·克殷》《世俘》诸篇,始知"血流漂杵"的内容。又如,《三国志》记诸葛亮南征只有二十字,读《华阳国志·南中志》(有七百余字记载此事)才知道这一战争的经过始末。此外,若无夏允彝父子之《幸存录》《续幸存录》,我们便不知亡国前夕的明朝政府之贪污腐败与荒淫无耻。若无邓凯《求野录》、罗谦《也是录》,便不知明桂王亡国君臣在缅甸之流亡情形及其最后的下落。

正史载四裔及外国皆甚简略模糊,地理书即可以补其不及。例如,《晋书》无外国志,但我们读法显《佛国记》,则自当时甘肃、新疆、中亚及印度之山川形势、气候物产、艺术建筑、风俗信仰,便如身临其境;而且又知当时自印度经海道至中国的航线和海船的大小。读玄奘《大唐西域记》,则唐代的西域和印度的情形,即了如指掌。读范成大《吴船录》,便知宋时印度之王舍城已有汉寺。读马可·波罗《游记》,便知自地中海以至中国之间这一广大领域在元时的状况。读马欢《瀛涯胜览》、费信《星槎胜览》等书，便知明代中国商人在南洋之活动，以及当时南洋各地之风土。此外，如清人所著关于苗瑶之书类，又为研究西南少数民族风俗习惯最好的参考书。

正史对都市，特别是都市生活不详；都邑簿之类的书，即可补其不足。例如，北魏时的洛阳是怎样的情形，从《魏书》上看不出来；我们读《洛阳伽蓝记》，便知当时的洛阳有多少城门，街道如何，而且城内、城外有一千多个佛寺。宋代的汴梁是怎样的情形，从《宋史》上也看不出来；但我们读吴自牧《梦粱录》、孟元老《东京梦华录》等书，不但宫殿的所在、街道的名称可以复按；而且当时的都市生活、商店、茶楼、酒馆、书场、妓院的地址，以及过年、过节、庙会等风俗，亦琐细如见。

明末的南京是怎样的情形，从明史上，也看不出来；但我们读《板桥杂记》等书，则知亡国前夕的南京，"灯火樊楼似汴京"；莫愁湖上的茶社、秦淮河中的游艇，都挤满了贫穷的妓女和腐化贪污的官僚。

刘知几曰："刍荛之言，明王必择；葑菲之体，诗人不弃。故学者欲博闻旧事，多识其物，若不窥别录，不讨异书，专治周、孔之章句，直守迁、固之纪传，亦何能自致于此乎？且夫子有云：'多闻，择其善者而从之，知之次也。'苟如是，则书有非圣，言多不经，学者博闻，盖在择之而已。"

秦汉历史数学

金克木

我是谁

我是谁？这是金庸的一些小说的一个（不是唯一）主题(Theme)，或不如说是"母题"(Motif)。石破天在《侠客行》的末尾提出这个问题。他不知道自己的父母就在眼前。"西毒"欧阳锋在《神雕侠侣》中也提出这个问题。他一心钻研武艺入了魔，忘了我，不认识自己，不知是什么身份了。武艺也是艺术。艺术会使人入魔，如画家凡·高，还有诗人李白投水捞月的传说。《天龙八部》里的乔峰或萧峰为知道自己的身世，是汉人还是契丹人，闹出多少事。同一书中，先是和尚后道士终于当驸马的虚竹一直不知道自己的出身，忽然被认出来了，原来是一个被遗弃的私生子。父母就在眼前，一是高僧，一是大恶人。立刻父母都自杀了。一出现就灭迹，他还是没有父母。《飞狐外传》里的胡斐，《神雕侠侣》里的杨过，都没见过父亲，但一心要确定杀父的人以便报仇却又临时犹疑。

这些人问的是"我",实际上全是查考自己的上一代,也就是要弄明白本身所得到的遗传基因,生理的、心理的、社会的(身份,即种族、阶级、阶层、行帮、等级、地位之类的面貌),种种不能由自己选择而要由自己负责的从出生就接受下来的基因。

这类基因,个人有,民族、国家、帮会等比较巩固的集体也有,那就叫作传统。传统比个人基因更难认识,因为心理的、精神的成分更多。好比集体的潜意识,在许多人的行为上表现出来时,大家认为当然,一般不予追究,不以为意。不认识自己的传统,仿佛不能直接看见自己的后脑,没有人会大惊小怪。想全面深入分析和理解集体传统很不容易。文献不足,思想难抓,看法各异,方法无定,于是往往是"言人人殊",对于本身传统只好含糊了事或者争论不休了。可是"我是谁"还是得问,因为传统来自过去,存于现在,影响未来,多少明白一点也比糊涂好。但必须从提问开始。不同问题有不同答法。古希腊哲人说过,"要知道你自己"。这句话里的"知道"不是指知识、评价,是说要理解。真正有"自知之明",谈何容易!

从世界看中国,这是一个大帝国,有两三千年历史,奇怪的是能够"合久必分,分久必合",延续下来。清朝以后没有皇帝了,大小军阀混战,列强瓜分,各划势力范围,一个紧邻强国干脆出兵占领人口稠密的区域的大部分。经过世界大战后又打内战,可是在外敌环视之下居然能迅速站起来,依然是一个统一大国。全世界正对这个奇迹刮目相看,不料又不断内部自起风波,滔滔不绝。许多人正在叹息老大帝国不容易返老还童，忽然出现了新面貌，再一次要与强国试比高了。问题不断，乱子不少，就是不倒。分而又合，衰而复兴，外伤累累，内力无穷，使观者眼花缭乱，仿佛一谜而难破谜底。

从古以来大帝国不少，在历史长河中多半是一去不复返。罗马帝国几百年就分裂。东罗马帝国（拜占庭）虽有一千几百年，亡国后即踪迹不见。奥斯曼帝国横跨欧亚，蒙古人的几大汗国赫赫一时，大英帝国几乎想包罗世界，也都一一退位了。日本帝国是岛国，有"万世一系"的天皇，基本一统的大和民族，长久存在似乎不足为奇，和中国不同。人口数居世界第一的中国怎么走过几千年能江山依旧？这对于怎么再走下去是紧密相连不能割断的。这个传统之谜，巨大的"我是谁"不能不问。

答问很难，谈话容易，何妨在大题之下钻探一个小点试试。

不知有汉

我们自称汉族，说的是汉语，可是对于公元前后四百多年的两个汉朝（前汉、后汉或西汉、东汉）知道多少？陶渊明的《桃花源记》里说，那里的人"不知有汉，无论魏晋"，现在有些人恐怕也和他们差不多了。汉代是帝国，帝是什么，先得问一问。

古时中国不自称帝国而说是天下，皇帝本来叫作天子，秦始皇在公元前221年兼并六国，统一天下，认为超过了三皇五帝。又是皇，又是帝，就自封为始皇帝，也就是第一个皇帝。在他以前的周朝天子，在西周时还是封贵族为诸侯各自建国的主持封建的共主，到东周进入春秋、战国时代，就仅存虚名，靠"五霸"等一些诸侯维持不倒了。公元前256年，最后一个周天子结束了历时约有八百年的前后两个周朝。这时离秦灭六国统一天下还有三十多年，仅有称王的诸侯，没有天子或皇帝。秦国独霸天下以后，取消分封建国的诸侯制度，划天下为郡县，由皇帝直接统治，派官员管理，原来的一些板块合并成一整块。皇帝周围设立丞相等官职，分担任务协助皇帝。朝廷以下有层层官吏，全国形成一座官僚金字塔，皇帝孤家寡人独立在尖顶上好不威风。不料仅过了十几年，第一代皇帝一死，第二世皇帝就不争气了。陈胜、吴广两个小兵造反，接着没落贵族项梁、项羽，最底层的小官吏刘邦、萧何也起兵反秦，亡国余孽纷纷起兵复国，秦朝就此灭亡。

可见这位高高在上的皇帝真是孤独的"寡人"，秦朝官僚金字塔的建筑材料不是石头而是泥沙。毛病首先出在皇帝独断专行，缺少由他控制的可以经常运转的有力的枢轴以推动整个帝国的官僚大结构，丞相等只是谋士、办事员，不是主持人，以致他突然死在京外路上，小儿子就可以乘机不发消息而假传圣旨，害死长子和大将，自己继承帝位，再消灭丞相，实际成为更加孤独的"独夫"，于是亡国了。由此看来，皇帝是个虚衔，一个名位，至高无上，但不一定等于统治全国的实际权力。好比数学上的零，本身什么也没有，不过是表示一个不可缺少的位，但在前面有数字再加上表示乘方的指数时就有了意义，可以达到无限大，一个零点可以显出数轴上的正、负，零发挥作用时力量无穷，失去作用时什么也不是。

秦始皇开创了帝国的规模，但没有成功创造帝国运转的机制。要再过六十多年，经过汉朝的文帝、景帝到汉武帝时才建立起一个有力的帝制运行中枢。从此时断时续，皇帝有时掌握最高权力，有时只是名、位、傀儡。一直到两千多年以后不再有皇帝了，中枢体制才变了样。

秦始皇不仅创立了帝国规模，还建设了帝国的基础条件。主要地，在经济方面，是全国统一市场；在文化方面，是全国统一文字。这就是所谓"车同轨，书同文"。没有这两个条件，大帝国不能持久。有了以后，政权可以换主持人，帝国照旧，还会扩大，分裂不论多久，还能再合并、统一，尽管元首会改换种族，如蒙古人主宰元朝，汉族人主宰明朝，满族人主宰清朝，像走马灯旋转一样轮流，还有南北朝的北朝也不是汉族称王称霸，世界历史上的大帝国能维持长久的都缺不了这两条。例如，英帝国属地曾经遍于全世界，这是在水陆交通发达正要形成世界统一市场的 19 世纪，而且帝国推行英语作为属地的文化上层的共同语言。英国女王取消东印度公司，自兼印度女皇时，立即办两件大事：一是兴建纵横全国的铁路干线，二是成立东、西、南三方三所大学用英语教学，培养为帝国所需要的人才，还从中国学去一些古老办法，如文官考试制度，这样就统治了比本国大了不知多少倍的属地将近一个世纪。

历史本身不管功罪、善恶，只认识发生事件的功能、效果。且看秦始皇在统一天下之后十二年间做了什么大事。

修建万里长城。这件事名声很大，但就其原来目的而言，可以说是功能、效果几乎等于零，没能阻止北方匈奴族的南下，而且封锁对方同时也封锁了自己。本来秦曾打败匈奴，占了大片土地，随即修筑长城。匈奴北去后内部发生变化，有了秦始皇式的领袖，东西征服邻近强族，又南下收复失地，而中国正在楚汉相争，茫然不以为意，也顾不上。到汉高祖即位第七年，匈奴又要南下，才亲自带兵去打，又信息不灵，不知敌人已有准备，皇帝差一点做了俘虏，这是后话。长城工程浩大也只是在北方各国已有的基础上加工。但是总体设计和烧砖、运输、砌墙、堆土、调遣劳力、支配供应等工作证明当时以手工劳动为主的工业技术和经营能力的强大。

修建首都阿房宫和地下宫（陵墓）。项羽烧秦宫室的大火比两千年后英法联军烧圆明园的火可能更大，史书说是烧了三个月，毁灭的艰难证明建设的宏伟和内藏的丰富，说明工业能力的强大，秦陵兵马俑的出现成为实物证明。

修建全国性的驰道，可以说是当时的高速公路。一条是由西向东从陕西到山东的大路干线，再从干线分出由北向南的三条干线。由干线分连各地的支线。这和两千多年后出现的铁路格局相仿。20世纪前期，连接北京和上海、杭州的一条，加上连接北京和汉口、广州的一条，共两条南北线，还有连接陕西、江苏的和河北、山西、山东的几条东西线，纵横全国。

疏通航道，开凿运河。大规模连接可以通航的黄河、淮河两大水系的鸿沟的疏导工程，打通了战国时期的国界隔绝。特别是秦始皇派大军南下经略岭南时命令史禄（监禄、监御史禄）管运粮水道。这位水利专家修建了通连湘江和漓江使长江和珠江两大水系相会的运河，开山凿渠用斗门上下水位以便航船升降来去。

这一伟大工程到后来汉、唐、宋、明继续修，叫作灵渠，对于航运和灌溉发挥了巨大作用，加快沟通了南北。

统一并简化文字。废除六国互有歧义的文字，改用秦篆写官方文件，并以刻石代替铸鼎。民间通行了写简化的隶书，奠定了通行到现在的汉字基本形式。编定规范简化字的读本。文字简化又统一便利了书写简帛流通信息。

统一度（长短尺寸）量（升斗）衡（秤），所有工具必须由政府制造。规定田亩大小，规定车宽以便通行全国道路。

统一币制。规定上币黄金和下币铜钱的重量。

值得注意的有一件事，因为度量衡上必须刻规定的诏书，陶制量器就在泥胎上用刻了字的木印十个字一组印上四十字的全文。这可以说是以后活字印刷的原始想法。

设置博士官职，任用少数读书识字的儒生，可以收弟子传授学业。"坑儒"杀死的是全国儒生中的一部分。官学以外禁止私学。愿学政法律令的人要向官吏学习。有"挟书律"，禁止私家藏书，技术、占卜之类除外。这就是说，文化教育由政府统一掌握。

移民。那时国土广大，人口大概还不到一亿。一统天下以后就调拨人口，把十二万户豪富连家族、家奴搬迁到首都和地广人稀的地方，打败匈奴后，在占领的河套区域建几十个县，迁移内地罪人去居住，发动几十万人去南方，在岭南同当地人杂居。这样大规模在全国范围内调配人口显示了帝国政府的威力，消除原先六国间的障碍，使区域财富重新分配，发展生产，融合民俗。若不是交通便利，政令统一，是办不到的。

以上这些措施都是统一天下后的十二年里做的。当然在战国时期有些事已经开始，灭六国的一段时期内有的事已逐步推行，可是秦始皇在位总共只有三十六年，这样短的时间里，在这样广阔的国土上，做这样多的大事，绝不是匆忙想出的，而是经过长期研究考虑的。由此可见，秦始皇在着手消灭六国以前就清楚知道，他不是从周天子手里夺取一个现成的帝国政权，接管天下后可以为所欲为，或者像以后的皇帝那样仿效前朝，"以其人之道还治其人之身"，或者有什么样板可以照搬，他是要并吞六国，合原先七国为一个统一的、内部没有国界隔绝的新的天下，不是要做旧天子，是要做新皇帝，要创立一个真正"史无前例"的新国家。因此他必须设计蓝图，从事创建。创作的主题只有一个，就是统一，消除境内一切造成隔绝的人为的或自然的障碍、界限。

这位始皇帝做到了这一点，可是缺少为长期巩固统一所必需的政权中枢的有效运行机制。这要等几十年后经过汉朝几个皇帝才形成逐渐稳定的基本格式。从那时起，一个能长期持续，断而又续，变形不变性的大帝国就建构起来了。

再看这一切措施的实际主要受益者是谁。那就是商品，商品的运输、贸易、流通，商品的载体即商人。汉高祖即位第八年就命令"贾人（商人）不得衣锦绣"、毛绒、驾车、骑马、持兵器，当作另一类人，可见商人不但富起来而且有势力足以惊动皇帝了。

为什么秦国自从商鞅立下以耕战为主的基本政策，理论上也是以农为本，以工商为末，重本轻末，可是工商业一直发展，富人越来越多,发财越来越大呢?很明显,有本就有末,上帝不能创造只有一头的棍子。有生产就有消费、有交换,财富分配不断转移,连锁反应,经济发展。若横加阻挠,整个社会的经济生活就要出乱子。

耕需要农具,战需要兵器,没有工业,工具从哪里来?盐、铁等大工业可以官营,小工业、奢侈品制造业只好民营。官可以主持专卖品的商业,小商品不能不民营。由空间差获利的转运,由时间差获利的囤积,禁止不了。经济发展必然同时发展贫富差别,具有自己的不道德的道德标准。货币出现后自然会有一切向钱看的人心所向。

那时的战争不是现代的全面战争。离战场远的地方照样做生意,还可能有利用战争发财的人,古今一样。何况秦始皇的相国吕不韦就是大商人,这位皇帝还表扬过四川大富人巴寡妇清,于是汉高祖出来限制商人了,以后的统治者也一再打压商人,官和民都看不起并痛恨官府里和民间的奸商,但仍然少不了奢侈浪费摆阔给商人供给财源。人人是思想反对,心里羡慕,行为促进,于是商业就不能不在挨骂受气遭迫害中发展了。

历史好像也正是在这样明一套暗一套的两面里前进。例如,高利贷,历来被人当作罪恶的标本,但毛病是一个高字,若单说信贷,它正是钱庄的灵魂,银行的业务,也就是越来越要主宰世界的金融行业。贷款都有利息,无息贷款恐怕类似所谓无私援助,不是没有回报的,不赚钱还做什么生意?商品的集散结成市场,聚为城市,可是同时,商君的"耕战为本,强本抑末"思想,也就是孔子的"足食、足兵"和现代的高产粮食,大炼钢铁，以粮、钢为纲，都不是说空话。这类思想像循环小数一样，和厌恶商人、富人、市场、城市罪恶的心理、情绪，在历史上过一段时期就起大作用，产生大变化。

这样看起来，我们的帝国就是从周天子脱胎到秦汉几个皇帝建构的。可是在以后的发展中怎么老是重复，到不了工商帝国再向金融帝国前进呢？

功能函数

汉高祖即位第一年不过是汉王，到第五年消灭了西楚霸王项羽，才正式登基成为皇帝。随后在宫中设酒宴招待群臣，问了一句话，要求回答："吾所以有天下者何？项氏之所以失天下者何？"

刘邦真不愧是中国历史上第一个平民皇帝。刚打完八年仗，他胜利了，就要总结自己和敌人成功与失败的原因。（所以者何？导致胜利、失败的原因是什么？）败者要找败因以免再犯，可以理解，胜者忙着找原因的很少。胜利已经证明自己正确、高明，何必再问？君问臣，臣也不过是歌颂成功的，批评失败的，还能说什么？可是刘邦问了，还要求讲真话。有人答了。他不满意，说："公知其一，未知其二。"另给出他自己的答案。可见他是自己先考虑过，是郑重其事的，不是偶然想到的。

没过几年，因为他说诗书无用，陆贾对他说，"居马上"得天下，不能"以马上治之"，用军事手段可以得天下，不能用军事手段治理天下，并且举历史事实为证。他知道自己错了，"有惭色"，便向陆贾提出一个更高层次的问题，要求他说明"秦所以失天下，吾所以得之者，及古成败之国"。这问题太大了，是问政权的理论和实际了。作为答复，陆贾一连交上十二篇文章。皇帝对每篇文章都说好（称善），"左右呼万岁"。场面很壮观。这些文章合成一本书，叫作《新语》，也就是"新的理论"。有人说，夺取政权和巩固政权靠"两杆子"，就是枪杆子和笔杆子，甚至说"政权就是镇压之权"。可见这个问题至今也没有一致的答复。

重要的是提出问题。刘邦是提出关于政权的深浅两层问题的第一个，也许是唯一的一个皇帝。以后贾谊的《过秦论》（论秦的过失）就是答复后一问题的一部分，不过这个问题太大，实在不能算是问题，只是个题目，可以做文章，不能求答案，好比数学里的无理数。还是刘、项得失问题比较具体，可以谈谈。

值得注意的是刘邦自己的答案，但是最好先了解项羽的答案。他做西楚霸王是有本领的，有充分的自信。在失败自杀前，他对跟随他的残余的二十八人说，打了八年仗，经过七十多次战斗，从没有败过，现在失败是"天亡我，非战之罪也"。为了证明，他当时就去敌阵中杀了一个汉将。本想东渡乌江，觉得没脸见江东父老，自杀了。项羽的答案简单，他有本领战胜，但是天不要他胜，所以败了，根本不服刘邦、张良、韩信的十面埋伏，更不会认为这是对方预计的在淮河流域打最后决战的歼灭战，是古代的淮海战役。他不知"谁笑到最后才笑得最好"，不懂战争不是单打独斗，不是摔跤比赛，更想不到得政权以后该干什么。他失败了，还不知道怎么败的。

刘邦和项羽完全不同。他对比双方，承认自己的本领并不出色，谋略不如张良，安定百姓、办理后勤不如萧何，指挥作战不如韩信，可是这三位"人杰"为他所用。他会用他们。项羽仅有一个范增是人才，还不能用。因此一胜一败了。这段话里有很多意思，一是要有人才而且知道是什么才，二是人才要能充分发挥作用，作用要对己有利、对敌不利。

话里还显示，用人才有先决条件，一是明确知己知彼，刘邦清楚地知道自己在哪一方面不如哪一个人，包括敌人。他初拜韩信为大将谈论对敌战略时，韩信第一句话就问他自认为比项羽如何。刘邦承认不如项羽。然后，韩信才对比双方说出自己的意见。两人随即决定攻楚的部署。他知道别人的长短，同时知道自己的长短，而且是客观的、现实的。二是以能达到目的的功能、效率为标准，不顾其他。这要求能克制自己的本性和习惯及感情。例如，韩信攻下齐国要自立为齐王时，刘邦大怒，刚骂出口，张良、陈平立刻踩他的脚。他马上明白过来，改口派张良送印去加封。

这一套制胜法宝，他的儿子汉文帝学去了，按照另一种形势做另一种安排。到他的曾孙汉武帝更能发挥，不过由于地位已经稳定，做得未免露骨，心也太狠。以后的各代皇帝，会这样做的，成功；不会这样做的，失败。历史毫不客气。其实刘、项胜败的关键早在秦灭亡时，也就是鸿门宴前后，就定下了，正好证明刘邦的这一段话。

那时项羽正在和秦军主力决战。刘邦从另一路不攻打、不抢掠、只招降，直达京城。又赶上秦二世为赵高所杀，赵高又为秦孺子婴所杀，秦王投降不打了。刘邦的大军一进城，将官们都去抢财物，唯有萧何先入城"收丞相府图籍藏之"。他首先掌握了天下各地的地形、出产、户口等全面情况。刘邦一见秦宫的豪华，马上想住进去。樊哙劝他回军，不要住宫中，他不听。张良又劝，他才听从，回军，召集"诸县父老豪杰"，宣布约法三章。

项羽打败并收降秦军随后赶来，听到消息，大怒。项军比刘军多了几倍，范增对项羽说，刘邦本来贪财好色，现在入关后什么也不要，是有大志，快打。于是有了鸿门宴。刘邦带着张良、樊哙等一百多人到鸿门见项羽。刘说自己也没想到能先入关破秦，劝项不要听小人挑拨。项告诉刘，是刘的部下某人说的，露出了底，把自己的内线帮手送给对方杀了。范增叫项庄舞剑要杀刘邦。张良叫樊哙带剑盾闯进来，一副拼命的样子。张良说，这是刘邦的随从。这当然吓不倒项羽。项赏樊哙酒肉。樊哙拔剑在盾上切肉，说：死都不怕，还怕酒？接着说了一番话。也许项羽只听进了一句：刘邦先破秦，入京，"毫毛不敢有所近"，还军霸上等候项羽。项羽先听范增说过，又听樊哙说，相信刘邦没抢财物，放心了。他本是为得财宝来的，说过"彼可取而代也"，是想当秦始皇第二的，没有解放人民建立新国家的打算，于是把民心又送给刘邦了。刘邦借故出来，带樊哙等四个人逃回本营。张良估计他快到了，就向项羽、范增各献玉器，报告刘邦已经回营。

范增把玉器扔在地上说，夺项家天下的必是姓刘的了。可是项看不起刘，不以为意。他带兵"西屠咸阳，杀秦降王（孺）子婴，烧秦宫室，火三月不灭，收其货宝妇女而东，秦民大失望"。这个鸿门宴故事，司马迁在《史记》里写得有声有色，传诵千古。当时除项羽自己外，这几人里连范增都知道项不是刘的对手，必败无疑了。关键人物正是刘邦说的"三杰"，只是韩信还没从楚军逃到汉军来，暂时是樊哙起作用。韩信一到，由萧何推荐，刘邦接受，这个政权核心结构便由四人组成了。

就功能说，一个虚位的零对经济、政治、军事构成的三角形起控制作用。这个三是数学的群，不是组织、集体，是核心，不是单指顶尖。三角的三边互为函数。三个三角平面构成一个金字塔。顶上是一个零，空无所有，但零下构成的角度对三边都起作用。这些全是只管功能、效果，不问人是张三、李四。所谓"有德者居之，无德者失之"。德应当是指作用，不是指随标准变化的道德。秦始皇布置天下而没有建立这样的核心。李斯孤立而失败。项羽仅有一个范增，还不起作用，等于没有。他们不知道，刘邦不取秦宫财富，萧何却取了秦最大的财富，统治天下的依据：全部图籍、档案，发挥了最大的作用。张良定计先据汉中。韩信筹划攻楚战略。三方全起作用，尚未得天下而已有取天下和治理天下的准备了。

刘邦虽是零，无才无德，高居坚实的金字塔之上，就代表整个金字塔了。这个小金字塔高居全国王、侯、太守等组成的官吏巨大金字塔之上，统治天下。难得的是他清楚知道这个奥妙，而且宣布出来、巩固下来、成为模式，如一千多年后，李自成进北京，过了皇帝瘾，赶回西方老家去享福，是依照项羽的模式。多尔衮使范文程、洪承畴、吴三桂各自发挥作用，以汉制汉，入关得天下，是依照刘邦的模式。当然这些全不是他们有意抄袭的，是历史遵循自己的公式，不随任何个人意志为转移的。

从争天下到治理天下，一贯起主要作用的是萧何，他怎么能有这样的见识？因为他是县吏，是行政基层组织中的一员，留意并熟悉行政运作，知道文献是工作的保留依据，他又能看得懂，所以一举就得其要领。

　　刘邦本是亭长，是行政层组织的细胞，所以也明白这一套。连小说《水浒传》里的宋江也是县吏，晁盖是保正，也是相当于刘邦的职位，行政细胞。吴用出谋划策，相当于张良，加上武将林冲，如同韩信。这个组合甚至身份都符合汉初模式。历史不会开玩笑，面孔冷冰冰，该怎么样就怎么样，谁想命令他变脸，办不到。他只看功能，不看人脸色。

　　可是这个模式好像只适合夺取天下，对于长期安定治理天下不大管用。于是汉高祖死后，吕后闪电似的掌了权。陈平、周勃推翻吕氏，迎来二十三岁的刘恒做皇帝，就是汉文帝。在他的手里，政权最高层的小金字塔变成了另一种隐形运行枢轴。

不由人算

　　汉文帝在位二十三年，只活了四十六岁。他可是历史上承先启后的皇帝，不但在前后两个汉朝，而且在有皇帝的时期，都少不了他所经历并处理过的问题。史书里记载的他仿佛没有做过什么大事。有几年竟好像什么事也没做。据说他的指导思想是所谓黄老思想，讲究无为，其实也就是孔子在《论语》里说的大舜的"无为而治"。儒者司马光显然不看重他，《资治通鉴》没记他多少功绩。不过那三卷多书倒像是一部很有趣的政治小说的提纲。

　　他用轻松的方式应付严重的问题，不像他的孙子汉武帝那样喜欢铺张、夸耀、"好大喜功"。一开始关于去不去京城做皇帝的一幕就是生动的戏剧性场面。他一登基就派带来的两个亲信掌握要害部门，可是这二人以后没有飞黄腾达。他因此也避免了任用私人的嫌疑。第一年他迅速动手对付两位功臣元老，陈平和周勃。这可不仅是对付两个不好对付的人，而是改变前辈创业的核心结构，一点不动声色就形成大权独揽。然后他一步一步解决军事、外交、内政、经济的重大问题，使秦始皇留下的摊子大大发挥作用，同时也给后世留下了不断出现的几个难解问题。

汉文帝任命新大臣，批准陈平的意见，让周勃为第一首相（右丞相），陈平为第二首相（左丞相）。随后向全国发布第一道诏书，废除家属连坐法，有罪只处罚本人。臣下请立太子。他又再三谦让，说出一些道理，最后才依从建议立太子刘启（汉景帝）。"母以子贵"，立太子母窦氏为皇后。这位也是信黄老的。她有两个弟弟，小时被卖，这时出来认姐姐。大臣怕又出吕后，找可靠的人陪他们住。他们也没做官。接着下诏书，救济穷苦人，八十岁、九十岁以上的老人也得到赏赐。有人献千里马，皇帝不受，下诏书说，他不受任何献礼。于是他显出一副不会独断专行、任用亲信的老好人形象。大臣放心了，百姓高兴了，他的地位稳了，需要权来巩固地位了。

无为不是无所作为。皇帝熟悉情况以后就动手了。有一天，他问首相，天下的司法和国家的财政情况。周勃一无所知，急得出汗。他又问陈平。这位本是很有心计的谋士，先听到问题时心中已有准备，立刻回答：司法由廷尉管，财政由治粟内史管，请陛下问他们。皇帝毫不客气，追问：事情都有人管，你管什么？

陈平不慌不忙回答说：陛下命我做宰相，是要求我协助天子，上理阴阳，下遂万物，外抚四夷，内亲百姓，使各官尽职。皇帝说，很好。这个"很好"不仅是说答得好，而且是说，问题就这样解决了。既然一个说不知道，一个说管不着，大权只能由皇帝独自掌握了。三言两语，取得全权。果然，周勃听人劝告，交上相印，无人接替，只剩下挂名宰相的陈平了。

从此"三公"成为名誉职位，后来竟像替罪羊，往往下狱自杀（规定宰相不上刑场）。以致有人知道要做宰相，就连忙再三辞谢不敢当了。第一次黄老思想显示出高效率。刘邦创立的三角形的直线变曲线，角没有了，成为圆圈，是零的符号代表皇帝了。

第二件大事随着来，新皇帝更显出他的才干。秦始皇平定南方时，设桂林、象郡，由史禄开迎湘桂运河，便利来往。北方人赵佗在那里任官。秦亡，赵兼并各郡，自立为南越（粤）王。汉高祖派陆贾去加封，说服他称臣做藩属。吕后断绝贸易，不给牲畜、铁器。赵佗宣布独立称帝。这时常攻打长沙等地。汉文帝决定给赵修祖坟，找来并优待他的本家兄弟，仍派陆贾做使者带一封信去。信中一开头就说："朕，高皇帝侧室之子也。"一句话就和吕后划清了界限，说自己是封赵佗为王的汉高祖的儿子，与吕后无关，而且自称为朕，是派赵佗去南方的秦始皇规定的皇帝自称，表明身份。信里说明已经优待他的兄弟（实际是作为人质），也不愿开战，因为以大攻小，"得王之地，不足以为大，得王之财，不足以为富"。死许多人是"得一亡十"（表示战则必胜）。现在允许南越自治。可是一国有了两个皇帝，所以派使者去，但愿双方"分弃前恶",一切照旧。

话说得非常谦卑,又不失皇帝身份,给足了对方面子。含义是,摆出情况,是战,是和,你瞧着办吧,就看你的了。重要的是,使者正是上次封他为王,让他知道不能与汉为敌的辩士陆贾。因此陆贾一到,"南越王恐,顿首谢罪"。宣布取消皇帝称号,回信开头自称"蛮夷大长老夫臣佗",地位降低,只剩下"倚老卖老"了。信中声明过去是不得已,"今陛下幸哀怜",从此"改号不敢为帝"了。南越照旧是中国的一部分。不用兵戈,得到统一,黄老思想又一次显示出高效率。一封不像皇帝口气的表面温和的信,不提任何要求条件,竟能使对方害怕服输,仿佛是最后通牒,成为名文流传,足见古时文章难懂的妙处,意在言外。当然必须有许多条件配合,才能强而示之以弱,用谦逊掩盖高傲,使对方不敢"敬酒不吃吃罚酒",才得成功,不会成为笑柄。

显然,指导汉文帝行为的黄老思想里含有效率观念,重视功能,喜功而不好大,务实而不求名,少投入而多回报。这正是司马迁的父亲司马谈总结道德家时所说的"事少而功多",也是《论语》里的孔子所重视的"举一反三"和"闻一知十",是从价值交换中得来的计算盈亏、本利的考虑,是孔子门徒精通货殖的子贡所擅长的经营要点。它的对立面是"不谋其利""不计其功",不惜用一切代价,不懂劳动价值,滥用人力资源,憎恶"奇技淫巧",喜欢包装、排场、大屋顶、肥皂泡。这些(还有对内,如周勃、淮南王;对外,如匈奴)巩固政权、皇权大事的处理成功不必多说,需要提出的是由汉文帝开始直到后代多少年也难以解决的大问题。

第一大问题就是如何选用人才发挥功能，使皇帝轴心有效运行。汉文帝试行几项办法，他亲自提拔有能干名声的官吏，由他们的推荐招来平民做官。第一位这样出身的名人是二十来岁的年轻人贾谊，既有文才，又有见识，可惜有的建议难实行。将这一方式制度化便是要求天下各地官员举"贤良方正"到朝廷来量才录用。后来这成为一项可用可不用的措施，到清朝初期还变名为"博学鸿词"实行过。从汉武帝起，皇帝对举荐上来的人进行考试（策问），后代演变为科举，最后和皇帝制度一同终结。

还有"上书"向皇帝提意见一条路。上书人多半是官，汉武帝时也有些出身微贱的平民上书奏事而做大官。可是这些还没有解决真正难题。"孤家寡人"需要亲近助手，实际是隐形的稳定核心。能干的皇帝，如文帝、武帝会灵活运用周围的起这类作用的人；无能的就不行了，非有不可的话，他身边的能干人自然会发挥有效功能了。

首先是后妃。无人可信，只得用妻妾了。汉文帝的皇后窦氏在儿子汉景帝时就出面干预政治了。后妃中起非常大的作用的前有汉朝吕后、后有唐朝武则天、清朝慈禧太后。女的不出面，她的家里人会出来，就是所谓外戚。汉文帝时还不显眼，汉武帝时就露头了，外戚王莽出来掌权篡位，前汉亡了。

另一类近侍是太监。他们在后汉公然出面，结束了刘家的王朝。明朝的几位太监更出名。清末也有。这个隐形的核心很厉害，能使天下官民逃不出网罗。最著名的太监是明朝的魏忠贤，他的工具是操生杀大权的东厂、锦衣卫。秦二世皇帝用的赵高也是宦官，即太监。这核心是皇帝权力的支柱，也是一个王朝的送终者。皇帝换了家族，这一套戏剧迟早要重演。这个坚强稳固的权力核心像不倒翁一样维持中国的帝王专制长期不变，核心散而复聚，天下分久必合。历史是只管功能不问善恶的。这个核心是个常数，但里面的人是变量。

第二大问题是在经济方面，即农业和商业的矛盾。农业（种植、牧畜）是食物的来源，商业是工业的延长，当时叫作本与末。从商鞅起，政策是重本轻末，但做的事往往是压抑本而为末开路。种地的越来越穷，活不下去，跟人造反。做生意的挨骂，社会地位低，可是发财，生活好。贵族、官僚、地主、阔人少不了他们的奢侈品供应、双方通气甚至互兼。

汉文帝时，贾谊建议重农、积粮，说，"今背本而趋末者甚众"，非常危险，应当使民归农，"使天下（人）各食其力"。皇帝采纳了，就在即位第二年春下诏"开藉田"，皇帝"亲耕"，象征他是第一个种地的。这个有名无实的表演传下来，到清朝末年北京还有"先农坛"，只怕皇帝从来没到过，更不用说耕地了。

当年秋天汉文帝又下诏劝农，"赐天下民今年田租之半"，以后还屡有减租的事。可见皇帝确实想广积粮、备战、备荒，可是仍不见效。历史是只管功能，不问意图的。到第十二年，晁错提出意见，对比说农民和商贾的贫和富情况极明白动人。

农夫五口之家，其服役者不下二人，其能耕者不过百亩，百亩之收不过百石。……勤苦如此，尚复被水旱之灾，急政暴赋，赋敛不时，朝令而暮改。……于是有卖田宅、鬻妻子以偿责（债）者矣。而商贾……亡农夫之苦,有仟佰之得。因其富厚,交通(来往、勾结)王侯……此商人所以兼并农人、农人所以流亡者也。

他提的"使民务农"的办法是"货粟",就是富人纳粟可得官爵、免罪,贫民可减赋税,"损有余,补不足"。他又补充说明:先得的粟可供边防军粮,军粮够支五年时就纳粟交郡县,归地方用。郡县能够用一年以上时"可时赦,勿收农民租",这就是说,要钱找富人,别找穷人。皇帝听从他下诏劝农,又"赐农民今年租税之半"。可是效果仍旧不大。

大概是富人有法使要出的钱转嫁到穷人那里去。农业上不去不能说是农业技术问题。从文献、文物看,那时技术已有进步,但是那标准的五口之家,吃不饱还能投资养耕牛、换工具?能源只靠人力,就多生男劳力。人口加,地不加,更穷。好技术节约劳力,多余的人得往外跑,成为流民。他们想不出合作、联营,想到也做不到,做到也做不久。能用新技术的只能是兼并小农的豪强。他们的土地规模大、能投资、能雇人,但要纳粟得官名,需要花钱交结官府,而且人力资源无穷尽,比畜力好使又便宜,由于种种原因,看来富商、官商对推广新技术未必有兴趣,不肯多投入。而且经济生活里总有一个可说是边际效用限制,再加上超经济掠夺的因素,即使对象是古代经济也不容易简单理解。

汉文帝在去世前几年又下诏说,连年粮荒,民食不足,列出许多原因、问题,要群臣、首相、列侯、地方官、博士、大家讨论,提建议。总而言之,这个问题,两千年前汉文帝解决不了,后代也看不出有谁解决得好。从秦、汉起,农业在长吁短叹哭泣中前进。商品、市场、城市在挨打受骂中发展。历史不管人的道德、感情，走的道路好像是种种圆锥曲线，要想了解恐怕需要数学，但不知是什么方程式。

第三大问题是工业问题，又是金融问题，还有不知道是什么的问题。从秦起，盐、铁、铜钱都是官办的。但实际上由于需要越来越大，产地越来越广等情况，成为官员管理、民间承包，仿佛是特殊的公私合营事业，出现无数大小弊病。直到清朝末年，盐官、盐商还有钱有势。炼铁业类似。

到了汉武帝的儿子昭帝时，有一次关于经济政策的大辩论，记录的书名叫《盐铁论》。铜钱即货币，一开始就具备价值尺度、交换中介、流通工具、储存手段等功能，是财富的标志，当然应归公家，即政府掌握。秦始皇统一币制，通用半两钱。汉高祖嫌重（实际是需要钱），改为五分钱（可以少用铜多铸钱）。钱太轻、太多，马上通货膨胀，"物价腾踊，米至（一）石（米要价一）万钱"。

汉文帝五年改造为四铢钱，"除盗铸钱令，使民得自铸"。贾谊、贾山反对。皇帝不听。结果是，得宠的大夫邓通受赐铜山铸钱，吴王的国境内有铜山铸钱，又有海水煮盐，两人都成了大富翁。"于是吴、邓钱布天下"。原来所谓民营仍是官营，不过不是政府而是个人。货币量扩大表示市场需要增加，市场扩大表示商品的交换、流通兴旺，消费和生产互相促进，是良性循环。但是这与农业生产好像关系不大，本末颠倒。不过对于城市和王朝的兴衰，市场是否景气有决定性的作用。这要看商品、货币的功能能不能得到发挥。

《汉书》说，汉初朝廷穷，压抑商人，吕后时才松弛。这说明秦始皇的有利于商品流通的各项建设起了作用，商人不穷。到文、景时有七十多年，"府库余资财，京师之钱累巨万，贯朽而不可校（没法数）。太仓之粟陈陈相因，充溢露积于外，至腐败不可食"。富足了，可是问题来了。钱、粮堆在仓库里，不能发挥功能，等于废物。必须使市场交换正常运转，消费和生产互相促进。

于是汉武帝时豪华、铺张、高消费，而且对外扩张，派张骞去中亚探路，又打通西南夷，还开拓由番禺（广州）南下的海道，使对外贸易热闹非凡。这些都不仅是可能而且是有必要了。汉文帝节约，汉武帝奢侈，是必然的，前人积蓄给后人浪费，向来如此。这样虽然能维持繁荣，但农业不能同步发展，内外市场上充斥的主要是奢侈品，出口的也是锦绣等高价工艺品，穷人买不起，内需容易萎缩，再生产不能扩大。这虽然算不上泡沫，但也像大屋顶的基础不牢固，盛极而衰几乎是必然的。后来王莽以"新"为国名而复古倒退，前汉就由衰而亡了。

不过问题没有解决，历史仍旧沿着由数字信息组成的种种曲线，向商品、货币、市场可以充分发挥功能（包括促进农业）的更加扩大的一统目标前进，但任何一国、一地区若企图独霸这个不可捉摸的世界市场，那是妄想。

历史确实是数学，虽是人所创造，但不知道人的感情爱憎和道德善恶，只按照自己的隐秘公式运行。历史前面挂着从前城隍庙里的一块匾，上写着四个大字：不由人算。

风流汉武两千年

金克木

所谓传统就是现在中的过去，未来中的现在。

秦始皇构建了大帝国的框架，组装了硬件。汉武帝确定了大帝国的中枢运作机制，加上了软件。

并非"戏说"

弘农郡（河南灵宝）有一处地方名叫柏谷，开了一家客店。一天晚上忽然来了一群人投宿，为首的是一位十八九岁的青年，气宇轩昂，还带着兵器。店主人疑心他们是盗贼，暗地约了一些青年人，准备捕捉他们。他们要饮料也不给，说，没有水，只有尿。主妇看情形不对，对主人说，不可冒失，我看这不是平常人，为首的人相貌和神气都很特别，又有兵器准备，你不要闯祸。主人不听，主妇把他灌醉后捆起来。约来的人都散了，主妇杀鸡做饭待客又道歉。第二天，客人走了。没过多少天，官府来人带这一对夫妇到京城见朝廷，他们才知道，那为首的青年客人是当今皇帝。

皇帝下诏：店主妇，奖赏黄金千斤；店主人，用做羽林郎，在近卫军里效力。

皇帝的赏罚是树威立信，不必说理由。说到做到，不讲空话，更没有谎话。若是说了不算，言行不一致，那就是"不信则不威"。威权、权威，没有信，少了威，权也要成为问题了。重要的不是道理，是效果，是对以后的影响。

这皇帝不是清朝的康熙、乾隆，是两千多年前的汉武帝。这故事也不是小说、电视剧，是历史，记在号称从不说谎的宋朝司马光亲手主编的《资治通鉴》里。从汉到宋约一千年，从宋到现在又差不多一千年，两千年了，还像新鲜故事，像是什么《施公案》或者新武侠小说，或者竟是关于什么大官深入民间考察的报道。

到了"天高皇帝远"的时候，主要人物换成清官、侠客，皇帝私访成为"戏说"了，不过模式没变。这里面的社会心理可不就是传统？中国老百姓一心盼的是天下太平，出现好皇帝、清官、侠客来打抱不平，为民除害，几千年不变。由此可见，历来社会上公平很少，强暴居多。人民求的是平、公。

汉武帝刘彻十六岁继承帝位，以后将他登基那一年定为建元元年（前140年）。从此各朝代皇帝都有了年号，一直到清朝末代皇帝溥仪的宣统三年（1911年）。上面说的是刘彻当皇帝初期的事。这可以说是他亲自直接从民间选拔人才。拥护他的人有赏，看错了，把他当作匪人，想要害他的人也用，放在军队里管起来，以观后效。可见在他初登宝座后，就开始注意人才的选拔和任用了。不过这一次他的本意不是访人，只是顺带发现了民间可用之才。

他常常夜间带随从出去，自称平阳侯，在田野间打猎，糟蹋庄稼，受到百姓号呼辱骂。有一次还几乎被地方官抓去，由于显示御用物品，表明是特殊人物，才没出事。他常常这样在民间惹事，觉得不方便，于是沿路修行宫，后来扩建占广大土地的上林苑，引起一位奇人东方朔自称"罪当万死"，说这样做有三不可。皇帝就派他做太中大夫，赏赐黄金百斤，留他侍候在身边。

皇帝打猎喜欢亲自追逐猛兽，又引出文人司马相如劝他不要冒险。皇帝也说好，夸奖他。可是照旧修上林苑，打猎，还让司马相如作《上林赋》。这两位都是皇帝登基不久就"招选天下文学材智之士"时，从上书论时事得失的"以千数"的人中选出来的。他的任务就是写文章，陪皇帝谈话，还得提不同意见，甚至说皇帝有错，就是所谓"讽谏"。皇帝对他们"以俳优蓄之"，作为艺人，有赏赐，但是"不任以事"，很少任用。有的人有职有权了，多半没有好下场。例如，那位打柴、读书、休妻、做官，又被写进戏曲演到现在的朱买臣就是一个。史官司马迁为投降敌人的李陵说话求情而受刑还保留官职著述，又是一个。他自己也说是"主上所戏弄，倡优所蓄，而流俗之所轻也"。

文人受流俗轻视，有流传下来的名文可证：楚国宋玉的《答楚王问》、西汉东方朔的《答客难》、扬雄的《解嘲》、东汉班固的《答宾戏》（见《文选》）、唐代韩愈的《进学解》（见《古文观止》）。韩愈"不顾流俗""收召后学"，当老师作《师说》，结果是"犯笑侮""得狂名"，因为"今之世不闻有师。有辄哗笑之，以为狂人"（见柳宗元《答韦中立论师道书》，选入王力主编的《古代汉语》）。

命令地方官举荐"贤良"是从汉文帝时（前178年）开始的。到汉武帝即位头一年就下诏要求"举贤良方正直言极谏之士"。皇帝亲自"策问"，要求"对策"。问的题目是"古今治道"。原先就是博士的董仲舒作长篇大论答题，最后归结到"《春秋》大一统（以一统为大，终一统）"，提议"诸不在六艺之科、孔子之术者，皆绝其道，勿使并进"。丞相卫绾上奏章说，所举的"贤良"中有讲申（不害）、商（鞅）、韩（非）、苏（秦）、张（仪）学说（后来所谓法家、纵横家）"乱国政者"，"请皆罢"，一律斥退。有学者讲理论，又有大官提建议，皇帝批准了。

可是这不过是以后的"贤良"作应考文章都得引孔子语录作为指导而已。所谓儒术，意义模糊，皇帝喜欢的儒恐怕主要是尊一统，尊天子，定尊卑的言论。丞相只否定论实际政治的法家、纵横家，不提"黄（帝）、老（子）"，也还是得罪了爱好"黄、老"的朝廷，其中就有太皇太后。丞相卫绾随即被罢免。升官的又是几个好讲儒的。

有个赵绾建议修"明堂"，还推荐他的老师申公。皇帝便派使者，备礼物和车马去迎接他。他到京城见天子时，天子问他"治乱之事"。他答：为治不在多言，只看"力行"。皇帝正在爱好文辞，听了便不作声，看他已有八十多岁，请来了，只好给个官做，让他去议论"明堂""巡狩"之类的事。哪知他的这位学生儒者赵绾胆大，讲忠不讲孝，竟敢去管不悦儒术的太皇太后，请皇帝不要事事请示这位老祖母太后，落得自己下狱自杀还连累别人。丞相、太尉同被罢免，申公也回家去了。这样的事在一千几百年后的清朝末年，康有为又照样演了一次，让光绪皇帝得罪慈禧太后，闹出政变，闯了大祸。汉朝少年登基的刘彻可精明得多，不犯这类错误。那位崇尚老子的太皇太后认为"儒者文多质少"，也就是言多行少，要用"不言而躬行的"。这倒好像是和儒者申公的话相仿。可见那时对儒、老的了解和后来的不全相同。不过儒生往往爱谈论时务，又不识时务，这倒是古今相通的。

汉武帝即位时离汉高祖建国（前202年）已有六十二年。经过吕后、文帝、景帝的统治，需要巩固大帝国的政权，治国者需要有周朝初年周公制礼那样的创新精神和才能。秦始皇用武力统一六国，创下大帝国的规模和政权，建立了金字塔式的，由最高的皇帝层层控制到最下层郡县的政权统治的结构，但是缺少可持续的运作机制。事实证明，用武力可以夺取政权，单凭武力不能长期巩固政权。陈胜就是军人，在军中起义推翻秦朝。由汉文帝、汉景帝的历史经验，可知政权的力量出于人。人是活的，制度是死的，由人而变化，必须有一套选人用人的机制。

文帝开始了选（拔）举（荐）、策问（考试）的试验。武帝大加发扬。地方官举荐，本人自己也可以上书皇帝，都由皇帝亲自面试、选用。元朔元年（前128年）下诏说，地方官不举荐"贤良"的有罪。举荐的不合格，或是举了坏人，当然也有罪。这样的选拔、举荐、征召、考试、上书献策自荐，然后由最高峰皇帝钦定去取，从汉武帝开始，到孙中山主张设考试院，形式虽有变化，制度模式早已成为传统。19世纪英国统治印度时居然学习中国，设立印度文官考试制度。其目的就是培养代理人。据说当时英国议员麦考莱说过对殖民地任用当地官员的理想要求：人不是英国人，但是思想、言论、行为都是英国式。

不过英国仿效的仅是那种统一塑造人才的模式。汉武帝的这一创举，集合了周文王访姜尚以来的成功和失败的历史经验，又经过他几十年的亲自实验，包含很多内容，绝不仅是科举考试。后来的统治者也不是个个完全懂得和运用其中的种种奥妙。他们也有适应新情况的新形式，但精神照旧。例如，秦设博士官，汉继续，收博士弟子办太学，一直传到清朝的国子监，但这些虽有时繁荣，学生多，仍不能算是培养人才的机构而是特殊衙门，博士是官。办教育从来就不是政府的职能。政府的任务是定方向引导、管理、监督，以及主持考试定去取。至于选拔、任用文武官吏也不是只靠科举这一条"正途"。做官的道路多得很，朝廷用人的方式复杂多变，状元宰相很少。

得到官府选拔，朝廷征召，照说是好事，可是也不一定。有名文《陈情表》为例。作者李密，西晋人，曾在蜀汉做官。到晋朝又被推荐、征召。他不去，上了这一篇"表"讲道理，带感情，用的是古时的大白话，不是骈偶体，成为流传下来的名篇。唐太宗主编的《晋书》将此文收在李密的传里。《文选》《古文观止》《古代汉语》都选了。现引其中叙述举荐、征召的一段如下：

前太守臣逵察臣孝廉，后刺史臣荣举臣秀才。臣以供养无主，辞不赴命。诏书特下，拜臣郎中。寻蒙国恩，除臣洗马。猥以微贱，当侍东宫，非臣陨首所能上报。臣具以表闻，辞不就职。诏书切峻，责臣逋慢。郡县逼迫，催臣上道。州司临门，急于星火。臣欲奉诏奔驰，则刘（祖母）病日笃；欲苟顺私情，则告诉不许；臣之进退，实为狼狈。

这哪里是请客？分明是抓人。地方官举荐，可以辞。皇帝要人，赏官做，又怕嫌官小，随即升官，要去侍候太子。还能抗拒吗？实在是狼狈。于是作出了这一篇《陈情表》。先扣大帽子："伏惟圣朝以孝治天下。"晋朝篡魏，不能提倡忠，只能号召孝，说自己是为了尽孝，离不开祖母。而且"臣密今年四十有四，祖母今年九十有六"。还有，"刘日薄西山，气息奄奄，人命危浅，朝不虑夕"。祖母活不久了。再说，"臣少仕伪朝，历职郎署，本图宦达，不矜名节。今臣亡国贱俘，至微至陋……"声明自己知道身份是俘虏，不讲守节，赏官一定去做，请皇帝放心。

这一番话竟使朝廷放过了他。皇帝说他孝。《晋书》把他列入"孝友"一类。现在看来，他的真心也许是怕这时自己名气太大，朝廷希望过高，侍候太子实在太危险，过些时，火候低了，再说。果然，他在祖母死后去就职，就不那么受重视，不久便离开太子去做地方官，再以后因有人揭发他口出怨言，被免职回家了。西晋终于由于"八王之乱"争王位而亡国。大文豪陆机只因被一王重用做大官，以后被处死。他为司马王朝殉葬，实在冤枉，可惜。李密仿佛是有先见之明。这《陈情表》不仅文章好，效果更好，成为名篇并非偶然。

这样，在科举考试以外，加上推荐、征召，真好像是要网罗人才，一个不漏了。可是漏网的大有人在。从汉朝征"贤良""孝廉""秀才"到清朝征"博学鸿词"，总有逃避不肯应征的。

这些人到哪里去了？远自传说中的许由和《论语》里记的孔子时代的隐士起，到清乾隆时作《儒林外史》的吴敬梓不应征"博学鸿词"，连秀才也不做了，跑到南京去挨饿，受穷，有各种各样的人物。有逃名的，当然也有像姜太公、诸葛亮那样终于被请出来做大官的。还有考不取的人才，如作《聊斋志异》的蒲松龄，另有各种出路。出格的就做了吴用，帮助宋江造反。这里讲的都是文人，武将另案办理，情况不同。总而言之，要想把真正的人才一网打尽，好难哪！

秦始皇建造了有阶梯的官僚金字塔，汉武帝布下了搜尽天下士的大网，合成为周朝比不上的大帝国的稳固结构。历时两千多年，断裂后还能重建。这是世界历史上称得上大帝国的国家都比不起的。不过，这个塔和网所用的材料不是砖石，是人，而且从成分到整体都是随时有变化的。操作者是"孤家""寡人"，独一无二的皇帝，加上不可信赖又不得不信赖的后妃、太监、外戚、同族本家、大臣。如何使机构运转对帝、对国有利，是不好说、不可说、不便说、不能说甚至是说不出的。这叫作"运用之妙，存乎一心"。用得好，国兴；用不好，国亡。

当然，这是从帝一方面看国的。换一个参照系、价值观，例如，从各种阶层的老百姓方面看，评价就不一样了。讲理论，很难。中国人讲道理的习惯不是几何证题式，而像代数方程式，常用比喻作为理由，有种种花样。还是把行为当作语言来观察、印证，由事见人，由语言见思想，比较方便。现在看汉武帝的中枢机制，谈谈那时的三位大臣。

三人行

有个汲黯，上辈世代做官，武帝即位时，他已是在皇帝身边供差遣的官，是崇尚黄老而不喜儒的人。皇帝派他出差。他回来后报告：远处相攻是当地习俗，不必天子派人过问，所以他走了一半路，了解情况后就回来了。近处失火也不是大事，不必忧虑。可是路上看到有一万多家遭灾荒，出现了人吃人，这才是大事。来不及请示，就"持节"（节是皇帝给使者的信物）传旨开仓放粮救济贫民。现在上缴回"节"，请治罪。皇帝认为他做得对，免罪，派做地方官。他学黄老，清静，无为，着重选用人才和处理大事，不苟求小节。过一年多，地方大治。于是被召回，官列于"九卿"。他不拘礼，当面指责人，对皇帝也一样，"犯主之颜色"。东方朔也"直谏"，但"观上（皇帝）颜色"，所以不得罪。皇帝招纳儒者，又说"吾欲"这样、那样。汲黯说："陛下内多欲而外施仁义，奈何欲效唐（尧）虞（舜）之治乎。"这等于说皇帝学儒做不到或者是假的。于是"上怒，变色而罢朝"，真生气了，可是并没有降罪。后来还说，古时有"社稷之臣"（能保天下安定的大臣），像汲黯这样也就差不多了。

皇帝对别的大臣不讲礼貌，对汲黯是不戴帽子不见，来不及戴就躲进帷中，叫人去传旨照准，汲黯说儒是"怀诈饰智"讨好"人主"，说讲法的"刀笔吏"是"深文巧诋"陷害人。皇帝不喜欢他，终于罢了官。几年以后又用他做地方官。他想留在朝廷，说自己有病，不能办地方上事务。皇帝说，那地方难治理，你可以"卧而治之"。过十年，他死在任上。到后代，他的名字成为直言敢谏的大臣的代号。唐朝杜甫有诗句:"今日朝廷须汲黯"。其实,有汲黯而没有汉武帝,恐怕也不会有好结果。

同时又有个公孙弘,年过四十才学《春秋》杂说,算是儒生。汉武帝初即位招贤良文学时,他已经六十岁,被征为博士。派他到匈奴去当使者。他回来报告不合皇帝的心意,被认为无能。他便辞职回家了。过一些年,又一次招贤良文学。地方上又举他,他不肯再去。地方上的人很坚决,他勉强去应考对策。题目很大,问天文、地理、人事,如何达到上古时的"至治"。他的答卷开头就说,后来不如上古是因为"末世""其上不正,遇民不信",随后说了一条条治道。对策的有一百多人。评卷的将他列为下等。可是皇帝一看考卷,提拔做第一名,当面见他"容貌甚丽",又"拜为博士"。他上奏说,周公治天下一年变,三年化,五年定。皇帝问他自认为才能比周公谁贤。他说,不敢比,但是一年变,他觉得还是慢。朝廷会议时,他只讲个起头,"使人主自择,不肯面折庭争"。他早年做过狱吏,所以熟悉"文、法、吏事",而又"缘饰以儒术",很快升官。

和汲黯一同见皇帝时,他总是让汲黯先说意见,自己随后讲(不用说是已经看出了皇帝的脸色),常得到听从。大官商量好共同提意见,到皇帝面前以后,他顺着皇帝意思就背约反了原来的提议。汲黯当面质问他,本来是共同的建议,他现在背约,"不忠"(不守信)。皇帝问他,是不是这样。他说:"知臣者以臣为忠,不知臣者以臣为不忠。"皇帝认为他说得对。因为他说的意思是,他只对皇帝一人忠,对别人就不必忠。汲黯说:公孙弘"位在三公",做了高官,"俸禄甚多",而家里用布被,这是欺诈。皇帝问他。他说："确是这样。在'九卿'中跟我最好的是汲黯。今天他当着朝廷问我这话，真是'中弘之病'，说得很对，这是钓名。不过我听说，管仲在齐国当宰相，很奢侈，齐国称霸。晏婴也当齐国宰相，很俭朴，齐国也强了。我现在的情况是这样。若没有汲黯忠心，陛下怎么听得到这样的话？"皇帝听了，更认为他好。他不但很快当上宰相，而且破例封侯。他做宰相到八十岁逝世。《史记》说他是"外宽内深"，对于得罪他的人，他表面上仍旧和好，以后有机会就报复。杀主父偃，贬董仲舒，都是他的力量。

还有一个张汤，本是小吏出身，一直升官到司法部门（廷尉）。这时，皇帝重视"文学（文章、经典的学问）"。他"决大狱，欲傅（附会）古义"，就请"博士弟子"一起研究《尚书》《春秋》。看出犯人是皇帝想要定罪的，他就派严厉的人去审问；是皇帝想要释放的，他就派宽厚的人去审问。他治狱虽严但对待宾客和朋友好，又"依于文学之士"，所以丞相公孙弘屡次称赞他。后来他的下属"三长史"联合告发他泄露朝廷机密，使商人囤积货物从中获利与他分享。于是皇帝派人审问他。他不服。又派他的同事去对他说："你治人罪，害死多少人了？天子是要你自己处理。你还辩什么？"他便上奏说是"三长史"陷害他，然后自杀。随后查他家产，所值"不过五百金"证明他是酷吏，但不是贪官，正像清朝末年刘鹗的小说《老残游记》里所描写的清官那样。

和他同时代的司马迁也是把他写入《酷吏列传》。他死后，家属打算厚葬。但他的母亲不肯，说他是大臣，被人说坏话害死了，还要厚葬干什么？于是薄葬，像穷人一样。这话传到皇帝耳边。皇帝说："非此母不生此子。"有这样的母亲才有这样的儿子。于是杀了那三个长史，连丞相也自杀了。又用他的儿子张安世做官。这个儿子很能干，官越做越大，封侯，连下一代也做官。以后代代是侯，做高官，直到王莽灭西汉后还保留爵位。到东汉光武帝时，张汤的后代仍做到大官而且另封侯。张家被称为汉朝显赫门第、世家。

以上说了汉武帝的三个大臣，不是筛选来的，是随机取样得来的，资料也不过出于《史记》《通鉴》《汉书》，但由此可以窥探汉武帝怎么主持朝廷中枢机制的运转。至于地方官僚机制和武将的任免，那就比较复杂，而且，汉武帝时还没有来得及立下传统模式，不能涉及了。

先看这三人怎么做上朝廷大官的，也就是他们的出身、经历。汲黯是世代在朝为官，仿佛贵族或专业传家。张汤是父亲为吏，他也本来是小吏，由大官推荐，凭能力升官的。公孙弘是早年为吏，四十岁以后改学《春秋》为儒，六十岁得到地方官荐举，应召对策当博士，不中皇帝的意而辞官回家，过十年又重复一次，被推举去报考，忽然得到皇帝赏识做上高官。这三人的三条道路恰好是后来两千年一直存在的：家传、提升、特选。这和秦以前主要靠血统、游说、推荐不大一样，到后代已成为模式，留下轨迹了。

再看他们做大官的结果。汲黯不断对皇帝发出不中听的言论，惹得皇帝生气，甚至当时退朝，虽未降罪，最后仍因小罪免官当了几年老百姓。皇帝由于民间私铸伪钱币不好办又想到他，找他来，派他去做地方官。他不去，说是有病，愿意留在朝廷。皇帝大概知道他是想继续对皇帝提意见，就说，地方的事难治理，有病时可以"卧而治之"。他做了十年太守，死在任上。他死后，皇帝让他的弟弟、儿子、外甥都做了高官。张汤自杀后子孙代代为官，成为一大家族。公孙弘的儿子做官得罪人被免去官爵。到朝廷封功臣后代时才有后人得封"关内侯"。看来，三人的结果都还算好，不过只能代表一方面。另一方面，抄家灭族的高官可能更多。汲黯谏过武帝，说他又好求贤，又好杀人才。皇帝笑他是傻瓜，不知道人才是杀不完的。

再看他们的政治思想来源和派别，真实的和标榜的都算。汲黯是学"黄、老"的。这是当时的风气。汉武帝好神仙，求长生，也许就是学黄帝。说他尊儒，不过是指定考试用的经典、学说和太学的教本。汉初，书很少，古书多尚未写成定本，只有儒生各派传授自己的经典。他们在齐、鲁的传统没断。鲁儒读古书以外还讲《礼》，靠言传身教（见《史记·孔子世家》中"太史公曰"，参看《儒林列传》，孔子后代抱礼器找起义的陈胜）。那时习惯把这一类叫作"文、学"，是讲究文章、书本、字句的学问。另有当时习惯叫作"文、法"的，是指修订、解释律令文字和审判、定罪的学问。有这类本领的官吏被叫作"刀笔吏"。张汤学的是这一种，他参加制定律令。不过他也请博士讲《春秋》，利用古义，因为朝廷（皇帝）正在重视"文、学"。公孙弘本来做过狱吏，因罪免职，后来学儒，一再受推荐成为博士，得到皇帝赏识。汲黯极力反对这两人，可见他是依据"黄、老"的政治思想处在对立面。那时的"老"不等于后来所谓道家和道教的

《老子》。

"儒"也和宋、元及以后说的不大一样。朱熹在他的《四书集注》末尾引程颐说程颢的话,"千载无真儒",把汉儒都赶出门外,公孙弘当然不免要算是伪儒了。《论语》里一再说"无为"。例如,"无为而治者其舜也欤!"(《卫灵公》章)又多次称赞"隐者""逸民"(《微子》章中最多)。孔、老在前汉初似乎还是"通家",到后汉末年,孔融这样说就成为"典故"流传了(见《后汉书·孔融传》)。除《老子》外,现在没有"黄、老"的经典。从汲黯的言行看,不像后来所谓道家,和同时期的司马谈(司马迁的父亲)所说的六家学说里的"道德"一家也不很相同(见《史记·太史公自序》)。

笼统地说,外国哲学不离神学,中国哲学不离政治思想,而中国的政治是很难明白讲出来的,所以对于这三人的思想还是少说为妙,说也说不清楚,连他们自己也不见得了了。古代中国不像外国。欧洲、印度和中亚的哲学多与宗教相关,有教会、教派背景,壁垒森严。中国若说有宗教,那就是"皇帝教",一统天下的教,天下太平的教,只能有一不能有二的教。这是从朝廷到民间的,渗透各方面的普遍思想信仰。这一思想仿佛起源于孔子作《春秋》,在实践中创始的是秦始皇,建立并完成的是汉武帝,一直传下来,成为帝国的精神支柱。这是不是"黄、老"的"黄","黄帝教"?也就是齐国公羊高传下来的《春秋》大义?难说。

再看这三个人在朝廷中枢里所起的作用,也就是在汉武帝指挥运转枢轴的机制中的职能。汲黯的特色是在朝廷上公开讲"怪话"批评大臣甚至皇帝，居然真是"言者无罪"。有一次皇帝生气，竟当场退朝，也没有给他治罪。起先曾经派他做地方官，他不去。调任中枢，他才就职。后来还是出去做地方官，然后再次入朝廷。到末尾，他被免职居家以后，又派他去做地方官。他说有病，想不到能再见皇帝，愿意留在皇帝身边，明显是仍想继续尽原来的职责，发表不同意见。可是皇帝不让他留下。他治理地方很有成绩，只掌握大权，管大事不管小事，可见他的抱负。

皇帝和他一样，大事自己拿主意，不能由他做主；所以只让他说话，不让他决策。这便开创了一个发言提意见而不负责任的职能和官位，就是谏官，也叫"言官"。官名常变。后代称为御史或是"拾遗""补阙"（缺），找遗漏，补缺陷，负责监察官吏，直到对皇帝提意见。历史上真向皇帝进谏的官很少而且往往得罪，惹祸，所以汲黯就成为稀罕的标本了。《史记》作者司马迁和他属于同一时期。《史记》《汉书》里记的他的发言都是在朝廷公开说的，最后一次也是传到皇帝那里发表了的，可以相信为档案材料。他是名副其实的"言官"。

张汤是管刑事律法有贡献的。中国的法律是刑法，着重的是前例。清朝的法典是《大清律例》。《红楼梦》中贾探春代管大观园时也必须依照王熙凤定下的先例办事。说"史无前例"，那就等于说可以为所欲为了。

公孙弘当宰相好像无所建树，因为他只照皇帝的意志办事，于是对皇帝"言听计从"。仅在外事和边防方面他有一点不同意见，不过头一次碰钉子罢官，以后就不发表意见了。公孙弘当宰相，名为总管，实是遵照皇帝旨意的最高级办事员。这三位参与中枢最高决策的大官的职能，现代话说，正好是监察、司法、行政。18世纪法国孟德斯鸠所主张的三权都有了，只是缺少议院的立法权，也管不住帝王的钱口袋，仅有议员的发言权。汲黯不过是英国下议院中的"国王（女王）陛下的反对党"的议员。无论是执政党还是反对党都属于帝王。反对党是国王（或说是选民）派来监督执政党的，职能是挑政策的毛病，提对立的政见和监察官吏。史书记载的汲黯的发言就是这样。

　　古代中国有没有立法权？当然有，不过只能属于圣人。古圣人是孔子，立的法是《春秋·公羊传》，条文和案例俱全。当今圣人是天子，圣旨就是法律，"言出法随"。《汉书·食货志》里说："自公孙弘以《春秋》之义绳臣下，取汉相，张汤以峻文决理为廷尉，于是见、知之法生而废、格、沮、诽、穷治之狱用矣。"这里明白说是这两人合作定下了法，礼法、刑法。"知、见"是说，知道、见到犯罪的而不举报就有罪，沮（阻止）以至于诽（谤）命令的都要"穷治"，就是一查到底，一个也不放过。接着说："其明年"淮南王和衡山王谋反的大狱的结果是受连累"死者数万人"。由此可见，近代的三权那时虽然具备两个半，但汲黯的小半权起不了多少作用。可是究竟立下了有监察职能的官，断断续续一直到清朝。这个职能若是消亡，那个王朝也就离结束不远了，西汉在武帝以后就是例证。

　　这样的中枢机制是历史上其他帝国少有的，也许是从秦、汉起的这个大帝国能够独存两千年的因素之一吧。汉武帝不喜欢汲黯在身边，可是从不降罪，显然是保留一个"言官"，给他发言的权利，但不给他实行他的意见的权力，有宽容之名而无采纳之实，有利无弊。这当然不是说，汉武帝已经能明确区分权利和权力，有了比现在有的人更好的对于权的二重性的超前认识，只是说他有远见，能在最高中枢决策机制里设立监察职能而已。

再从指导思想方面看这三人。用后代说法，公孙弘是儒家，张汤是法家，汲黯是"黄、老"即道家。不过《汉书·食货志》是从经济论到政治的大文章，其中明显是把标榜儒和法的二人，公孙弘和张汤合说的，意思是，汉高祖宣布"父老苦秦苛法"因而只立"约法三章"，从这二人起又有苛法酷刑了。两人本来是吏，利用儒作为门面。可是他们利用的《春秋》是史，怎么又是法呢？其实孟子早已说过了，"孔子成《春秋》而乱臣贼子惧"，又说，"《春秋》天子之事也"（俱见《滕文公》章）。可见他们和孟子同样是把《春秋》作为立法加案例的书。这是西汉注重经典字句以外的"公羊学"。

董仲舒讲"灾异"，夹杂阴阳家，是另一种"公羊学"。公孙弘用以"取（得到）汉相"的"《春秋》大义"主要是尊天子，攘夷狄，"尊王攘夷"，也就是严君臣之分，重内外之别，严办内、外的反叛。可是王莽以后出了问题。从东汉末年起，可能是由于土地迅速沙漠化，北边和西边的匈奴等民族或向西去，或向内地移民。于是东晋有"五胡十六国"，接下去是南北朝，非汉族统治北方。隋、唐仍民族杂居。五代十国非汉族不仅称王而且被认为是一个朝代，其中还有"儿皇帝"。宋、辽、金、西夏时多国并立，汉族没有统一天下。元、明、清三朝是蒙、汉、满三族"轮流坐庄"。"攘夷"是汉族立场的说法，长期一直不好说，不但"公羊学"衰落，从蒙元起，"五经"的地位也不如"四书"，不是本本都人人必读了。清朝道光年间，龚定庵（自珍）再倡"公羊学"，那是因为有了新的"夷"，英、法、俄等国来侵，非攘不可了。

至于"尊王"也有问题。《春秋》尊的王是天子。西周天子不过是"共主"，东周的更加有名无实。战国公羊高讲《春秋》传到西汉盛行，适应秦皇、汉武两位"货真价实"的皇帝的帝国需要。可是以后的天子，除唐太宗、明成祖等少数汉人外就要数蒙古族人元世祖和满清一代的康熙、雍正、乾隆了。所以"尊王"也不大好讲。有意思的是，公羊高虽然长期不露面，他的"阴魂"一直不散，精神不朽。例子不远，义和团的"扶清灭洋"，"五四"以后国家主义派的"内除国贼，外抗强权"，"北伐"时期唱的"打倒列强，除军阀"，一脉相承，都是尊什么和攘什么，拥护什么和打倒什么，尽管内容、形式、语言多变，而思维模式和实际指向没变。

自从春秋、战国以后，秦皇、汉武以来，由汉武帝和三位大臣的实例可以看出，不管叫作什么黄、老、儒、法、道，甚至中国化了的佛（法王、空王），"万变不离其宗"，思维路数来源基本上是《春秋·公羊传》：尊王、攘夷，"拨乱世，反诸正""大一统""为尊者讳，为亲者讳，为贤者讳""为中国讳"，人、我，善、恶，褒、贬，界限分明。照这一种说法，汉武帝时代不仅出现了超前的政权中枢机制，而且发展了一种政治指导思想持续下来，这是世界各帝国所少有的。罗马帝国第一代奥古斯都创立的拜皇帝教不成功，几代以后帝国就分裂、瓦解。东罗马（拜占庭）帝国历时虽长，也像中国的东周、南宋，不成为大帝国了。罗马大帝国亡后没有一次又一次恢复，不像中国。

汉武帝最后还留下了托孤一幕也成为后代模式，可是接下去的是一连串的朝廷和宫廷内部的夺权斗争，帝国中枢机制变换，帝国也开始走向衰亡了。

秦始皇确实是皇，汉武帝不愧为帝，公羊高是大宗师，可是他的隔代传人没有认他为原始掌门人，《春秋·公羊传》的地位至今也不崇高，尽管其中有些话和思想我们并不陌生。

儒家正统地位的确立

张荫麟

儒家在汉朝成立之初，本已开始崭露头角。高帝的"从龙之彦"，固然多数像他自己一般是市井的无赖，但其中也颇有些知识分子。单讲儒者，就有曾著《新语》十一篇，时常强聒地给高帝讲说《诗》《书》的陆贾；有曾为秦博士，率领弟子百余人降汉的叔孙通；而高帝的少弟刘交（被封为楚王），乃是荀卿的再传弟子，《诗》学的名家。高帝即位后，叔孙通奉命和他的弟子，并招鲁国儒生三十多人，共同制作朝仪。先时，群臣都不懂什么君臣的礼节，他们在殿上会饮，往往争论功劳；醉了，就大叫起来，拔剑砍柱。朝仪既定，适值新年，长乐宫也正落成，群臣都到那边朝贺。天刚亮，他们按着等级，一班班地被谒者引进殿门，那时朝廷中早已排列了车骑，陈设了兵器，升了旗帜。殿上传一声"趋！"殿下的郎中们数百人就夹侍在阶陛的两旁；功臣、列侯、诸将军、军吏都向东站立；文官丞相以下都向西站立。于是皇帝坐了辇车出房，百官传呼警卫；从诸侯王以下，直到六百石的吏员依了次序奉贺，他们没一个不肃敬震恐的。到行礼完毕，又在殿上置酒，他们都低着头饮酒，没有一个敢喧哗失礼的。斟酒到第九次，谒者高唱"罢酒"，他们都肃静地退出。高帝叹道："我到今天才知道皇帝的尊贵呢！"于是拜叔孙通为太常（掌宗庙礼仪，诸博士即在其属下，故亦名太常博士），赐金五百斤。他的助手各有酬庸，不在话下。

高帝本来轻蔑儒者，初起兵时，有人戴了儒冠来见，总要把它解下来，撒一泡尿在里边。但经过这回教训，他对于儒者不能不另眼相看了。后来他行经鲁国境，竟以太牢祀孔子。

高帝死后，儒家在朝中一点势力的萌芽，虽然给道家压倒，但在文景两朝，儒家做博士的也颇不少；儒家典籍置博士可考者有《诗》《春秋》《论语》《孟子》《尔雅》等。而诸侯王中，如楚元王交、河间献王德，皆提倡儒术，和朝廷之尊崇黄老，相映成趣。元王好《诗》，令诸子皆读《诗》；并拜旧同学申公等三位名儒为中大夫。献王兴修礼乐，征集儒籍，立《毛氏诗》《左氏春秋》博士；言行谨守儒规。山东的儒者多跟随他。

武帝为太子时的少傅就是申公的弟子王臧，武帝受儒家的熏陶是有素的。他初即位时，辅政的丞相窦婴（窦太皇太后的侄子）和太尉田蚡（武帝的母舅），皆好儒术；他们乃推荐王臧为郎中令——掌宿宫殿门户的近臣，又推荐了王臧的同学赵绾为御史大夫。在这班儒家信徒的怂恿之下，武帝于即位的次年（建元元年，前140年）诏丞相、御史大夫、列侯、诸侯王相等荐举"贤良方正直言极谏之士"来朝廷应试。这次征举的意思无疑是要网罗儒家的人才。广川大儒董仲舒在这次廷试中上了著名的"天人三策"。在策尾，他总结道：

◇ 儒家正统地位的确立

《春秋》大一统者，天地之常经，古今之通谊也。今师异道，人异论，百家殊方，指意不同，是以上无以持一统；法制数变，下不知所守。臣愚以为诸不在六艺之科、孔子之术者，皆绝其道，勿使并进。邪辟之说灭息，然后统纪可一，而法度可明，民知所从矣。

同时丞相卫绾也奏道：

所举贤良或治申、商、韩非、苏秦、张仪之言，乱国政，请皆罢。

这奏给武帝批准了。卫绾不敢指斥黄老，因为窦太皇太后的势力仍在，但董仲舒所谓"诸不在六艺之科、孔子之术者"，则把黄老也包括在内了。当文、景时代，太常博士有七十多人，治"五经"及"诸子百家"的均有。经董、卫的建议，武帝后来把不是治儒家"五经"的博士，一概罢黜了，这是建元五年（前136年）的事。

武帝又听王臧、赵绾的话，把申公用"安车蒲轮"召请了来，准备做一番制礼作乐的大事业和举行一些当时儒者所鼓吹的盛大的宗教仪式。

儒家的张皇生事已够使窦老太太生气的了。更兼田蚡等把窦氏宗室中无行的人，除了贵族的名籍，又勒令住在长安的列侯各归本国。住在长安的列侯大部分是外戚，且娶公主，不是窦老太太的女婿，便是她的孙婿，都向她诉怨。建元二年（前139年），赵绾又请武帝此后不要向窦太皇太后奏事。她忍无可忍，便找寻了赵绾、王臧的一些过失，迫得武帝把他们下狱，结果他们自杀。同时窦婴、田蚡也被免职，申公也被送回老家去了。但过了四年，窦老太太寿终内寝，田蚡起为丞相。儒家终于抬头，而且从此稳坐了我国思想史中正统的宝座。

儒家之成为正统也是事有必至的。要巩固大帝国的统治权非统一思想不可，董仲舒已说得非常透彻。但拿什么做统一的标准呢？先秦的显学不外儒、墨、道、法。墨家太质朴，太刻苦了，和当时以养尊处优为天赋权利的统治阶级根本不协。法家原是秦自孝公以来国策的基础，秦始皇更把他的方术推行到"毫发无遗憾"。正唯如此，秦朝昙花般的寿命和秦民刻骨的怨苦，使法家此后永负恶名。贾谊在《过秦论》里，以"繁刑严诛，吏治刻深"为秦的一大罪状。这充分地代表了汉初的舆论。

墨、法既然都没有被抬举的可能，剩下的只有儒、道了。道家虽曾煊赫一时，但那只是大骚乱后的反动。它在大众（尤其是从下层社会起来的统治阶级）的意识里是没有基础的，儒家却有之。大部分传统信仰，像尊天敬鬼的宗教和孝悌忠节的道德，虽经春秋战国的变局，并没有根本动摇，仍为大众的良心所倚托。道家对于这些信仰，非要推翻，便存轻视；但儒家对之，非积极拥护，便消极包容。和大众的意识相冰炭的思想系统是断难久据要津的。况且道家放任无为的政策，对于大帝国组织的巩固是无益而有损的。这种政策经文帝一朝的实验，流弊已不可掩。

无论如何，在外族窥边，豪强乱法，而国力既充，百废待举的局面之下，"清静无为"的教训自然失却号召力。代道家而兴的自非儒家莫属。

中国历史上的军人

钱 穆

一

人人皆知,人生应有两大支点,一是"食",一是"兵"。所以孔子说:"足食足兵,民信之矣。"有了足够的食和兵,才使人可以确信今天之后必然有明天,然后其他一切也才连带谈得上。因此人生又应有最基本的两大职务,一曰"耕",一曰"战"。在人类文化最早时期便应有了农业和武士。

固然,在古代社会中,除耕稼社会以外,还有游牧社会和工商社会。然而一个最标准、最基础的社会,则应该以耕稼为本的。中国字中的"男"字,代表着一个壮丁,上面是一"田"字,下面是一"力"字,可见每一壮丁便该努力田亩。民族、家族的"族"字,上边是一面旗,下边"矢"是一支箭,要大家在一面大的旗帜之下,每个人都挟带着弓矢武装起来,这才成为族。若非力田从事生产,即不成为一男。若非结队集体武装,即不成为一族。民族文化来源，最要在生产和武装上，只就一男字一族字上便可看出。尽管人类文化不断地在演进，社会也不断地在演变而复杂，但生产和武装两事，依然是社会之柱石，文化之骨干，那是无可动摇的。

从历史上看每一民族起源，最先都是全族武装，即是全族皆兵的。到后来文化逐步演进，武装逐步轻减。中国在春秋时代，犹是封建时期，那时执干戈卫社稷的重任与光荣乃为贵族子弟所独占，轮不到平民身上。那时则只有贵族军队。在农民中选拔优秀加入武装的称为"士"。士执射执御，为其本分。当时学射，犹如今天放机关枪与大炮。学御，犹如今日之学驾驶坦克与飞机。不习射御，便称不得一个士。其时的贵族阶级，论其职，则皆武职，而亦兼习文业。文由武而演进，此乃人类文化演进一通例。孔子在当时亦一士，孔子以礼、乐、射、御、书、数六艺为教。射、御两项，乃其中之基本艺。孔子自称："我何执？执御乎！执射乎！我执御矣。"因御之一艺，在当时较射为低。如狩猎，如临阵作战，在车上执弓矢者是主，驾车者是副。孔子自谦，说若要他选定一职，则他选御不敢选射。其实孔子善射，在当时是著名的。

孔门弟子，擅武艺，能武事，身历战场建立功勋的也不少。像子路，不用说。当鲁襄公八年吴师伐鲁，有若便在鲁国的三百名决死队里面，打算乘夜直扑吴王帐幕。吴王闻讯，吓得一夜三迁，吴、鲁也便此议和了。鲁哀公十一年，齐师伐鲁，冉有担任鲁军左翼总指挥，樊迟做他车右。执政季孙氏嫌樊迟年轻，不赞成他担此重任，但冉有终于毅然任用。樊迟临阵，身先肉搏齐军,杀得齐师大败亏输。那些都是孔门弟子之从军功绩。

二

在《管子》书中,主张把社会分成士、农、工、商四组。此四组中"士"居首。当时所谓"士",亦指"武士",不指文士。当时亦根本无所谓文士,都是由武士来兼习文业,孔门即是其著例。所以孔子又说:"志士不忘在沟壑,勇士不忘丧其元。"因你舍弃了家人生产来习武艺,生活成问题,饿死亦是本分。待你武艺娴熟,临阵战死,也是不负了素志。直到战国时代,始有平民军队正式兴起,因那时的贵族阶级已趋崩溃,而列国纷争,战斗不休,便不得不要大量的平民来参加。

到了汉代,那时则全农皆兵,可称为国民兵。国民充当兵役分三类:一是中央卫兵,二是边疆戍兵,三是地方预备兵,亦可称为役兵。其时乃是行一种"义务兵役制"。及龄壮丁都得义务充当。每一壮丁,都有轮番到中央充当一年卫兵之义务,那是最光荣的。其次是到边疆上去当戍兵,戍期只有三天,那一制度,应是远从战国时或春秋末期沿袭而来。在那时,国境狭小,裹粮而往,多数是一天可到,三天而毕,往返只需五天到七天,随身干粮可以应付。但到秦代大一统,戍边变成苦差事,陈胜、吴广便由戍兵队伍在路中起义。汉代把此制度修订,不去戍边的,可出三日生活费交与愿去的人。一人戍边一年,可代表一百多人不必再去,方便多了。本来纵使是贵为丞相之子,也得戍边,但可纳费不去。但仍然有丞相之子而宁愿也去戍边,不愿出钱逃避的。

那时又有所谓良家子从军，此如近代所谓义勇军，或志愿军，遇边疆有事，自请从军。所以必称"良家子"者，因志愿军必经政府审查其家庭实况，苟非良家之子，则不获批准。当时有许多家住边区的，都踊跃参加。平时在家习武，有事挺身而出。最著名的，如陇西李家，由李广到其孙李陵，祖孙三代都成名将，烜耀史籍。

其实自李广以前，早已家世习武。只因直到李广时，匈奴大肆入寇，边防吃紧，李家遂乘时而起。可见汉代武功所以卓绝，绝非偶然。

此后又有从边防兵变为屯田兵的。边防兵期满即归。屯田兵则留边屯田，又把"生产"与"战斗"合二为一，既省运输之劳，亦可使边兵较长期地屯驻下来。

但到东汉之末，政治解体，兵役制度不能推行，那时则由国民兵变成私家兵。地方上有许多大门第，遇到匪寇祸乱，附近居民都来投靠托庇，那些大门第加以部勒，老弱妇孺参加生产，丁壮的结成队伍，合力战斗。此等私家兵，在当时则称为"部曲"。

此风直到东晋未能废止。政府无军队，仰赖门第部曲，终非办法，于是遂兴起了一项"募兵制"。由政府规定年龄、体格、性行等种种条件，来公开招募，给以饷糈，从严训练，成为一支精兵。北方则只有部族兵。五胡文化浅，还是全族皆兵。又行签兵制来加以补充。或是三丁抽一，或是五丁八丁抽一不等。皆由抽签强拉去充当兵役。结果临时拼凑，成为一队杂牌兵。人数虽多，却无作战能力。淝水之战，苻坚那边的杂牌兵终于抵抗不得东晋北府兵之一击，而溃败不可收拾。东晋北府兵，则是上述之所谓募兵。

到了北周,苏绰创出"府兵"制度来代替北方相传的部族兵和签兵。终于由此制度而统一了北方的北齐和南方的陈,而又开隋代之统一。

所谓府兵,乃是一种"全兵皆农制"。在农民中就其家产分为九等,上五等有资格当兵役,下四等不得援例。府兵平时只在家种田治生,以暇时练习武事,不再要在地方服杂役。此制度有两优点,一则挑选国民中身家较优秀者来充当兵役,二则生产与战斗兼顾,不烦政府平时再筹养兵费用。以此较之汉代之全农皆兵制,更为得宜。唐朝兴起,也因府兵制度之效用而武功震铄,较之汉代,更出其上。

后来政府疏忽,户口籍渐不治,府兵败坏,于是在中央有彍骑,在边疆有藩镇。彍骑即是府兵之变相,但只限在中央政府所在地,不能如府兵之遍布全国。藩镇又多用番将番兵,那只是一种雇兵与佣兵,而且所雇用的又全是异族胡人。其后藩镇作乱,不服从中央命令,中央只有少许彍骑,无奈之何。循至全国各地多半尽成为藩镇。唐没以后,继之以五代十国,此为中国历史上一段最黑暗时代,其实则只是唐代藩镇之变相。

宋代开国,上承唐末五代积弊,都是些雇佣兵,以兵为生,入伍后更不退伍,多半是老兵羸卒,否则是骄兵悍卒,或是羸老骄悍兼而有之。御外侮不足,煽内哄有余。那时有厢军、禁军。"厢军"是地方兵,只堪充杂役。"禁军"是中央军,轮任边防,乃由厢军中挑选精壮而来。实则只是五十步与百步。宋代养兵不能用,积贫积弱,社会贱视军人,乃有"好铁不打钉,好男不当兵"之俗谚。重文轻武，成为当时风尚。最先有辽，盘踞中国东北。燕云十六州，自五代时即沦陷。宋代迄未恢复。次之有金，割去了黄河流域。最后有蒙古，吞噬了全中国。

辽、金、元，都是部族兵。在元代，中国人连厨房菜刀也得几家合用一把，野外行猎亦禁止不许。但不到一百年，蒙古政权终于被驱逐。明代有"卫所兵"，仿效唐之府兵，寓兵于农，国家不费一文钱养兵，而武功亦跨越汉唐。

清代亦为部族兵，当时称"八旗"。亦有汉军旗，后来称"绿营"。其实清代入关后武功多赖绿营民。待后绿营也如八旗般腐化了。中叶以后始有"乡兵"，平定川楚教匪；湘军、淮军，平定洪杨与捻匪。此等皆是乡兵。湘军指挥有人，功成即退归乡里。而淮军遂递传而为民国后之北洋军阀，分省割据，为民初政治上一大阻碍。

三

今再通观全史，可见军人之在国家社会，乃系一种义务，非职业，非为谋生，乃为服务。非取于人，乃以献于人。其最高表现，乃为献身国家民族，至于肝脑涂地而不惜。"兵役"二字，乃自古有之。募兵制之最大弊病，在使人以从军为一谋生职业。试问岂应以贡献生命为谋生之职业？又岂应以杀人为谋生之职业？

军人教育本为人类教育中一项最具崇高理想最富伟大精神之教育。今若行使募兵制，则此种理想与精神将无可表现。历史上，如东晋之"北府兵"，亦系募兵制，实出不得已。淝水之战虽著功绩，自刘裕率之北伐以后，此一军队即渐变质。要之，此种军队可暂不可久，不可以为定制。宋代之募兵制，实当悬为炯戒。目前，如美国青年怕当兵役，此亦是美国社会精神堕落一预兆。若在国家民族遇不得已时而有募兵，此乃成为一种"义勇兵"，与法定募兵制不同。如黄埔军校，何尝不出于应募，而来者本于义勇，又兼之以一种精神教育，故其功绩表现乃能远出如东晋北府兵之上。最近美国社会亦有倡为将来当改义务兵役为募兵制之意见，此中得失，实尚待更深之研讨。

其次当知军中立功乃属一大荣誉。在中国历史上，如汉代之封侯，唐代之赐勋，皆是军人荣誉所应得。唯虽封侯赐爵，皆不得掌政权。唐代有所谓"出将入相"，乃自以人选而入相，不以为军功之酬庸。唯唐代节度使兼综治民、理财、统军三职，遂贻历史上以大祸害。

又军官不得以军队为自己势力。将在外，君命有所不受，乃为战事，不关政治。如唐代之节度使，乃及清末民初之督军，皆凭军队私势力造成军阀割据，而唐末及清末民初，亦同为中国历史上最大之灾祸时期。

更要者，在一个健全的文化体系之下，文武不该歧视。更不当重文而轻武。在中国历史上，宋代矫枉过正，始有重文轻武之病。然如韩琦、范仲淹，皆以文臣膺疆寄，而狄青因隶军籍，遂不获大用，论者惜之。其他中国史上历代皆有文武全才，文臣能治军能武事者指不胜屈。政府武职，皆由文人管理。故中国传统文化得成为一最健全、最坚韧之文化，其文武并重与文武兼通之风气，亦为一要因。

魏晋风度及文章与药及酒之关系

鲁　迅

汉末魏初这个时代是很重要的时代，在文学方面起了一个重大的变化，因为那时正当黄巾和董卓大乱之后，而且又是党锢的纠纷之后，这时曹操出来了，不过我们讲到曹操，很容易就联想起《三国志演义》，更而想起戏台上那一位花面的奸臣，但这不是观察曹操的真正方法。现在我们再看历史，在历史上的记载和论断有时也是极靠不住的，不能相信的地方很多，因为通常我们晓得，某朝的年代长一点，其中必定好人多；某朝的年代短一点，其中差不多没有好人。为什么呢？因为年代长了，做史的是本朝人，当然恭维本朝的人物。年代短了，做史的是别朝的人，便很自由地贬斥其异朝的人物。所以在秦朝，差不多在史的记载上半个好人也没有。曹操在史上的年代也是颇短的，自然也逃不了被后一朝人说坏话的公例。其实，曹操是一个很有本事的人，至少是一个英雄。我虽不是曹操一党，但无论如何，总是非常佩服他……

董卓之后，曹操专权。在他的统治之下，第一个特色便是尚刑名。他的立法是很严的,因为当大乱之后,大家都想做皇帝,大家都想叛乱,故曹操不能不如此。曹操曾经自己说过:"倘无我,不知有多少人称王称帝!"这句话他倒并没有说谎。因此之故,影响到文章方面,成了清峻的风格。——就是文章要简约严明的意思。

此外还有一个特点,就是尚通脱。他为什么要尚通脱呢?自然也与当时的风气有莫大的关系。因为在党锢之祸以前,凡党中人都自命清流,不过讲"清"讲得太过,便成固执,所以在汉末,清流的举动有时便非常可笑了。

比方有一个有名的人,普通的人去拜访他,先要说几句话,倘这几句话说得不对,往往会遭倨傲的待遇,叫他坐到屋外去,甚而至于拒绝不见。

又如有一个人,他和他的姊夫是不对的,有一回他到姊姊那里去吃饭之后,便要将饭钱算回给姊姊。她不肯要,他就于出门之后,把那些钱扔在街上,算是付过了。

个人这样闹闹脾气还不要紧,若治国平天下也这样闹起执拗的脾气来,那还成什么话?所以深知此弊的曹操要起来反对这种习气,力倡通脱。通脱即随便之意。此种提倡影响到文坛,便产生大量想说什么便说什么的文章。

更因思想通脱之后,废除固执,遂能充分容纳异端和外来思想,故孔教以外的思想源源引入。

总括起来,我们可以说汉末魏初的文章是清峻、通脱。在曹操本身,也是一个改造文章的祖师,可惜他的文章传的很少。他胆子很大,文章从通脱得力不少,做文章时又没有顾忌,想写的便写出来。

所以曹操征求人才时也是这样说，不忠不孝不要紧，只要有才便可以。这又是别人所不敢说的。曹操作诗，竟说是"郑康成行酒，伏地气绝"，他引出离当时不久的事实，这也是别人所不敢用的。还有一样，比方人死时，常常写点遗令，这是名人的一件极时髦的事。当时的遗令本有一定的格式，且多言身后当葬于何处，或葬于某某名人的墓旁；操独不然，他的遗令不但没有依着格式，内容竟讲到遗下的衣服和伎女怎样处置等问题。

陆机虽然评曰"贻尘谤于后王"，然而我想他无论如何是一个精明人，他自己能做文章，又有手段，把天下的方士、文士统统搜罗起来，省得他们跑在外面给他捣乱。所以他帷幄里面，方士、文士就特别地多。

孝文帝曹丕，以长子而承父业，篡汉而即帝位。他也是喜欢文章的。其弟曹植，还有明帝曹叡，都是喜欢文章的。不过到那个时候，于通脱之外，更加上华丽。丕著有《典论》，现已失散无全本，那里面说："诗赋欲丽""文以气为主"。《典论》的零零碎碎，在唐宋类书中；一篇整的《论文》，在《文选》中可以看见。

后来有一般人很不以他的见解为然。他说诗赋不必寓教训，反对当时那些寓训勉于诗赋的见解，用近代的文学眼光来看，曹丕的一个时代可说是"文学的自觉时代"，或如近代所说是为艺术而艺术的一派。所以曹丕作的诗赋很好，更因他以"气"为主，故于华丽以外，加上壮大。归纳起来，汉末、魏初的文章，可说是："清峻，通脱，华丽，壮大。"在文学的意见上，曹丕和曹植表面上似乎是不同的。曹丕说文章事可以留名声于千载；但子建却说文章小道，不足论的。据我的意见，子建大概是违心之论。这里有两个原因，第一，子建的文章做得好，一个人大概总是不满意自己所做而羡慕他人所为的，他的文章已经做得好，于是他便敢说文章是小道；第二，子建活动的目标在于政治方面，政治方面不甚得志，遂说文章是无用了。

曹操、曹丕以外，还有下面的七个人：孔融，陈琳，王粲，徐干，阮瑀，应玚、刘桢，都很能做文章，后来称为"建安七子"。七人的文章很少流传，现在我们很难判断；但大概都不外是"慷慨""华丽"罢。华丽即曹丕所主张，慷慨就因当天下大乱之际，亲戚朋友死于乱者特多，于是为文就不免带着悲凉、激昂和"慷慨"了。

七子之中，特别的是孔融，他专喜和曹操捣乱。曹丕《典论》里有论孔融的，因此他也被拉进"建安七子"一块儿去。其实不对，很两样的。不过在当时，他的名声可非常之大。孔融作文，喜用讥嘲的笔调，曹丕很不满意他。孔融的文章现在传的也很少，就他所有的看起来，我们可以瞧出他并不大对别人讥讽，只对曹操。比方操破袁氏兄弟，曹丕把袁熙的妻甄氏拿来，归了自己，孔融就写信给曹操，说当初武王伐纣，将妲己给了周公了。操问他的出典，他说，以今例古，大概那时也是这样的。又比方曹操要禁酒，说酒可以亡国，非禁不可，孔融又反对他，说也有以女人亡国的，何以不禁婚姻？

其实曹操也是喝酒的。我们看他的"何以解忧？唯有杜康"的诗句，就可以知道。为什么他的行为会和议论矛盾呢？此无他，因曹操是个办事人，所以不得不这样做；孔融是旁观的人，所以容易说些自由话。曹操见他屡屡反对自己，后来借故把他杀了。他杀孔融的罪状大概是不孝。因为孔融有下列的两个主张：

第一，孔融主张母亲和儿子的关系是如瓶之盛物一样，只要在瓶内把东西倒了出来，母亲和儿子的关系便算完了。第二，假使有天下饥荒的一个时候，有点食物，给父亲不给呢？孔融的答案是：倘若父亲是不好的，宁可给别人。曹操想杀他，便不惜以这种主张为他不忠不孝的根据，把他杀了。倘若曹操在世，我们可以问他，当初求才时就说不忠不孝也不要紧，为何又以不孝之名杀人呢？然而事实上纵使曹操再生，也没人敢问他，我们倘若去问他，恐怕他把我们也杀了！

与孔融一同反对曹操的尚有一个祢衡，后来给黄祖杀掉的。祢衡的文章也不错，而且他和孔融早是"以气为主"来写文章的了。故在此我们又可知道，汉文慢慢壮大起来，是时代使然，非专靠曹操父子之功的。但华丽好看，却是曹丕提倡的功劳。

这样下去一直到明帝的时候，文章上起了个重大的变化，因为出了一个何晏。

何晏的名声很大，位置也很高，他喜欢研究《老子》和《易经》。至于他是怎样的一个人呢？那真相现在可很难知道，很难调查。因为他是曹氏一派的人，司马氏很讨厌他，所以他们的记载对何晏大不满。因此产生许多传说，有人说何晏的脸上是搽粉的，又有人说他本来生得白，不是搽粉的。但究竟何晏搽粉不搽粉呢？我也不知道。

但何晏有两件事我们是知道的。第一，他喜欢空谈，是空谈的祖师;第二,他喜欢吃药,是吃药的祖师。

此外,他也喜欢谈名理。他身子不好,因此不能不服药。他吃的不是寻常的药,是一种名叫"五石散"的药。

"五石散"是一种毒药,是何晏吃开头的。汉时,大家还不敢吃,何晏或者将药方略加改变,便吃开头了。五石散的基本,大概是五样药:石钟乳,石硫黄,白石英,紫石英,赤石脂;另外怕还配点别样的药。但现在也不必细细研究它,我想各位都是不想吃它的。

从书上看起来,这种药是很好的,人吃了能转弱为强。因此之故,何晏有钱,他吃起来了,大家也跟着吃。那时五石散的流毒就同清末的鸦片的流毒差不多,看吃药与否以分阔气与否的。现在由隋巢元方作的《诸病源候论》的里面可以看到一些。据此书,可知吃这药是非常麻烦的,穷人不能吃,假使吃了之后,一不小心,就会毒死。先吃下去的时候,倒不怎样的,后来药的效验既显,名曰"散发"。倘若没有"散发",就有弊而无利。因此吃了之后不能休息,非走路不可,因走路才能"散发",所以走路名曰"行散"。比方我们看六朝人的诗,有云:"至城东行散",就是此意。后来作诗的人不知其故,以为"行散"即步行之意,所以不服药也以"行散"二字入诗,这是很笑话的。

走了之后,全身发烧,发烧之后又发冷。普通发冷宜多穿衣,吃热的东西。但吃药后的发冷刚刚要相反:衣少,冷食,以冷水浇身。倘穿衣多而食热物,那就非死不可。因此五石散一名寒食散。就有一样不必冷吃的,就是酒。

吃了散之后,衣服要脱掉,用冷水浇身,吃冷东西,饮热酒。这样看起来，五石散吃的人多，穿厚衣的人就少；比方在广东提倡，一年以后，穿西装的人就没有了。因为皮肉发烧之故，不能穿窄衣。为预防皮肤被衣服擦伤，就非穿宽大的衣服不可。现在有许多人以为晋人轻裘缓带，宽衣，在当时是人们高逸的表现，其实不知他们是吃药的缘故。一班名人都吃药，穿的衣都宽大，于是不吃药的也跟着名人，把衣服宽大起来了！

还有，吃药之后，因皮肤易于磨破，穿鞋也不方便，故不穿鞋袜而穿屐。所以我们看晋人的画像或那时的文章，见他衣服宽大，不鞋而屐，以为他一定是很舒服，很飘逸的了，其实他心里都是很苦的。

更因皮肤易破，不能穿新的而宜于穿旧的，衣服便不能常洗。因不洗，便多虱。所以在文章上，虱子的地位很高，"扪虱而谈"，当时竟传为美事。比方我今天在这里演讲的时候，扪起虱来，那是不大好的。但在那时不要紧，因为习惯不同之故。这正如清朝是提倡抽大烟的，我们看见两肩高耸的人，不觉得奇怪。现在不行了，倘若多数学生，他的肩成为一字形，我们就觉得很奇怪了。此外可窥见服散的情形及其他种种的书，还有葛洪的《抱朴子》。

到东晋以后，作假的人就很多，在街旁睡倒，说是"散发"以示阔气。就像清时尊读书，就有人以墨涂唇，表示他是刚才写了许多字的样子。故我想，衣大，穿屐，散发等等，后来效之，不吃也学起来，与理论的提倡实在是无关的。

又因"散发"之时，不能肚饿，所以吃冷物，而且要赶快吃，不论时候，一日数次也不可定。因此影响到晋时"居丧无礼"。——本来魏晋时,对于父母之礼是很繁多的。比方想去访一个人,那么,在未访之前,必先打听他父母及其祖父母的名字,以便避讳。否则,嘴上一说出这个字音,假如他的父母是死了的,主人便会大哭起来——他记得父母了——给你一个大大的没趣。晋礼居丧之时,也要瘦,不多吃饭,不准喝酒。但在吃药之后,为生命计,不能管得许多,只好大嚼,所以就变成"居丧无礼"了。

居丧之际,饮酒食肉,由阔人名流倡之,万民皆从之,因为这个缘故,社会上遂尊称这样的人叫作名士派。

吃散发源于何晏,和他同志的,有王弼和夏侯玄两个人,与晏同为服药的祖师。有他三人提倡,有多人跟着走。他们三人多是会做文章,除夏侯玄的作品流传不多外,王、何二人现在我们尚能看到他们的文章。他们都是生于正始的,所以又名曰"正始名士"。但这种习惯的末流,是只会吃药,或竟假装吃药,而不会做文章。

东晋以后,不做文章而流为清谈,由《世说新语》一书里可以看到。此中空论多而文章少,比较他们三个差得远了。三人中王弼二十余岁便死了,夏侯、何二人皆为司马懿所杀。因为他二人同曹操有关系,非死不可,犹曹操之杀孔融,也是借不孝做罪名的。

二人死后,论者多因其与魏有关而骂他,其实何晏值得骂的就是因为他是吃药的发起人。这种服散的风气,魏、晋,直到隋、唐,还存在着,因为唐时还有"解散方",即解五石散的药方,可以证明还有人吃,不过少点罢了。唐以后就没有人吃,其原因尚未详，大概因其弊多利少，和鸦片一样罢？

晋名人皇甫谧作一书曰《高士传》，**我们**以为他很高超。但他是服散的，曾有一篇文章，自说吃散之苦。因为药性一发，稍不留心，即会丧命，至少也会受非常的苦痛，或要发狂；本来聪明的人，因此也会变成痴呆。所以非深知药性，会解救，而且家里的人多深知药性不可。晋朝人多是脾气很坏、高傲、发狂、性暴如火的，大约便是服药的缘故。比方，有苍蝇扰他，竟至拔剑追赶；就是说话，也要糊糊涂涂地才好，有时简直是近于发疯。但在晋朝更有以痴为好的，这大概也是服药的缘故。

魏末，何晏他们之外，又有一个团体新起，叫作"竹林名士"，也是七个，所以又称"竹林七贤"。正始名士服药，竹林名士饮酒。竹林的代表是嵇康和阮籍。但究竟竹林名士不纯粹是喝酒，嵇康也兼服药，而阮籍则是专喝酒的代表。但嵇康也饮酒，刘伶也是这里面的一个。他们七人中差不多都是反抗旧礼教的。

这七人中，脾气各有不同。嵇、阮二人的脾气都很大；阮籍老年时改得很好，嵇康就始终都是极坏的。

阮年轻时，对于访他的人有加以青眼和白眼的分别。白眼大概是全然看不见眸子的，恐怕要练习很久才能够。青眼我会装，白眼我却装不好。

后来阮籍竟做到"口不臧否人物"的地步，嵇康却全不改变。结果阮得终其天年，而嵇竟丧于司马氏之手，与孔融、何晏等一样，遭了不幸的杀害。这大概是因为吃药和吃酒之分的缘故：吃药可以成仙，仙是可以骄视俗人的；饮酒不会成仙，所以敷衍了事。

他们的态度，大抵是饮酒时衣服不穿，帽也不戴。若在平时，有这种状态，我们就说无礼，但他们就不同。居丧时不一定按例哭泣；子之于父，是不能提父的名，但在竹林名士一流人中，子都会叫父的名号。旧传下来的礼教，竹林名士是不承认的。即如刘伶，他曾作过一篇《酒德颂》，谁都知道他是不承认世界上从前规定的道理的。曾经有这样的事，有一次有客见他，他不穿衣服。人责问他。他答人说，天地是我的房屋，房屋就是我的衣服，你们为什么钻进我的裤子中来？至于阮籍，就更甚了，他连上下古今也不承认，在《大人先生传》里有说："天地解兮六合开，星辰陨兮日月颓，我腾而上将何怀？"他的意思是天地神仙都是无意义的，一切都不要，所以他觉得世上的道理不必争，神仙也不足信，既然一切都是虚无，所以他便沉湎于酒了。然而他还有一个原因，就是他的饮酒不独由于他的思想，大半倒在环境。其时司马氏已想篡位，而阮籍的名声很大，所以他讲话就极难，只好多饮酒，少讲话，而且即使讲话讲错了，也可以借醉得到人的原谅。只要看有一次司马懿求和阮籍结亲，而阮籍一醉就是两个月，没有提出的机会，就可以知道了。

阮籍作文章和诗都很好，他的诗文虽然也慷慨激昂，但许多意思都是隐而不显的。宋的颜延之已经说不大能懂，我们现在自然更很难看得懂他的诗了。他诗里也说神仙，但他其实是不相信的。嵇康的论文，比阮籍更好，思想新颖，往往与古时旧说反对。孔子说："学而时习之，不亦说乎？"嵇康作的《难自然好学论》，却道，人是并不好学的，假如一个人可以不做事而又有饭吃，就随便闲游不喜欢读书了，所以现在人之好学，是由于习惯和不得已。还有管叔、蔡叔,是疑心周公,率殷民叛,因而被诛,一向公认为坏人的。而嵇康作的《管蔡论》,就也反对历代传下来的意思,说这两个人是忠臣,他们的怀疑周公,是因为地方相距太远,消息不灵通。

但最引起许多人的注意,而且于生命有危险的,是《与山巨源绝交书》中的"非汤武而薄周孔"。司马懿因这篇文章,就将嵇康杀了。非薄汤武周孔,在现时代是不要紧的,但在当时却关系非小。汤武是以武定天下的;周公是辅成王的;孔子是祖述尧舜,而尧舜是禅让天下的。嵇康都说不好,那么,教司马懿篡位的时候,怎么办才是好呢?没有办法。在这一点上,嵇康于司马氏的办事上有了直接的影响,因此就非死不可了。嵇康的见杀,是因为他的朋友吕安不孝,连及嵇康,罪案和曹操的杀孔融差不多。魏晋,是以孝治天下的,不孝,故不能不杀。为什么要以孝治天下呢?因为天位从禅让,即巧取豪夺而来,若主张以忠治天下,他们的立脚点便不稳,办事便棘手,立论也难了,所以一定要以孝治天下。但倘只是实行不孝,其实那时倒不很要紧,嵇康的害处是在发议论;阮籍不同,不大说关于伦理上的话,所以结局也不同。

但魏、晋也不全是这样的情形:宽袍大袖,大家饮酒。反对的也很多。在文章上我们还可以看见裴𫖫的《崇有论》,孙盛的《老子非大贤论》,这些都是反对王何们的。在史实上,则何曾劝司马懿杀阮籍有好几回,司马懿不听他的话,这是因为阮籍的饮酒与时局的关系少些的缘故。

然而后人就将嵇康、阮籍骂起来,人云亦云,一直到现在,一千六百多年。季札说:"中国之君子,明于礼义而陋于知人心。"这是正确的,大凡明于礼义,就一定要陋于知人心的,所以古代有许多人受了很大的冤枉。例如嵇阮的罪名,一向说他们毁坏礼教。但据我个人的意见,这判断是错的。魏晋时代,崇尚礼教的看来似乎很不错,而实在是毁坏礼教,不信礼教的。表面上毁坏礼教者,实则倒是承认礼教,太相信礼教。因为魏晋时代所谓崇尚礼教,是用以自利,那崇奉也不过偶然崇奉,如曹操杀孔融,司马懿杀嵇康,都是因为他们和不孝有关,但实在曹操、司马懿何尝是著名的孝子,不过将这个名义,加罪于反对自己的人罢了。于是老实人以为如此利用,亵渎了礼教,不平之极,无计可施,激而变成不谈礼教,不信礼教,甚至于反对礼教。但其实不过是态度,至于他们的本心,恐怕倒是相信礼教,当作宝贝,比曹操、司马懿们要迂执得多。现在说一个容易明白的比喻吧,譬如有一个军阀,在北方——在广东的人所谓北方,和我常说的北方的界限有些不同,我常称山东山西直隶河南之类为北方,——那军阀从前是压迫民党的,后来北伐军势力一大,他便挂起了青天白日旗,说自己已经信仰三民主义了,是总理的信徒。这样还不够,他还要做总理的纪念周。这时候,真的三民主义的信徒,去呢,不去呢?不去,他那里就可以说你反对三民主义,定罪,杀人。但既然在他的势力之下,没有别法,真的总理的信徒,倒会不谈三民主义,或者听人假惺惺地谈起来就皱眉,好像反对三民主义模样。所以我想,魏晋时所谓反对礼教的人,有许多大约也如此。他们倒是迂夫子,将礼教当作宝贝看待的。

还有一个实证,凡人们的言论、思想、行为,倘若自己以为不错的，就愿意天下的别人，自己的朋友都这样做。但嵇康阮籍不这样，不愿意别人来模仿他们。竹林七贤中有阮咸，是阮籍的侄子，一样的饮酒。阮籍的儿子阮浑也愿加入时，阮籍却道不必加入，吾家已有阿咸在，够了。假若阮籍自以为行为是对的，就不当拒绝他的儿子，而阮籍却拒绝自己的儿子，可知阮籍并不以他自己的办法为然。至于嵇康，一看他的《与山巨源绝交书》，就知道他的态度很骄傲，有一次，他在家打铁——他的性情是很喜欢打铁的——钟会来看他了。他只打铁，不理钟会。钟会没有意味，只得走了。其时嵇康就问他："何所闻而来，何所见而去？"钟会答道："闻所闻而来，见所见而去。"这也是嵇康杀身的一条祸根。但我看他作给他的儿子看的《家诫》，当嵇康被杀时，其子方十岁，算来当他作这篇文章的时候，他的儿子是未满十岁的——就觉宛然是两个人。他在《家诫》中教他的儿子做人要小心，还有一条一条的教训。有一条是说长官处不可常去，亦不可住宿；长官送人们出来时，你不要在后面，因为恐怕将来长官惩办坏人时，你有暗中密告的嫌疑。又有一条是说宴饮时候有人争论，你可立刻走开，免得在旁批评，因为两者之间必有对与不对，不批评则不像样，一批评就总要是甲非乙，不免受一方见怪。还有人要你饮酒，即使不愿饮也不要坚决地推辞，必须和和气气地拿着杯子。我们就此看来，实在觉得很稀奇：嵇康是那样高傲的人，而他教子就要他这样庸碌。因此我们知道，嵇康自己对于他自己的举动也是不满足的。所以批评一个人的言行实在难，社会上对于儿子不像父亲，称为"不肖"，以为是坏事，殊不知世上正有不愿意他的儿子像自己的父亲哩。试看阮籍、嵇康，就是如此。这是因为他们生于乱世，不得已，才有这样的行为，并非他们的本态。但又于此可见魏晋的破坏礼教者，实在是相信礼教到固执之极的。

不过何晏、王弼、阮籍、嵇康之流，因为他们的名位大，一般的人们就学起来，而所学的无非是表面，他们实在的内心，却不知道。因为只学他们的皮毛，于是社会上便多了很没意思的空谈和饮酒。许多人只会无端地空谈和饮酒，无力办事，也就影响到政治上，弄得玩"空城计"，毫无实际了。在文学上也这样，嵇康、阮籍的纵酒，亦能作文章的，后来到东晋，空谈和饮酒的遗风还在，而万言的大文如嵇阮之作，却没有了。刘勰说："嵇康师心以遣论，阮籍使气以命诗。"这"师心"和"使气"，便是魏末晋初的文章的特色。正始名士和竹林名士的精神灭后，敢于师心使气的作家也没有了。

到东晋，风气变了。社会思想平静得多，各处都夹入了佛教的思想。再至晋末，乱也看惯了，篡也看惯了，文章便更和平。代表平和的文章的人有陶潜。他的态度是随便饮酒，乞食，高兴的时候就谈论和作文章，无尤无怨。所以现在有人称他为"田园诗人"，是个非常和平的田园诗人。他的态度是不容易学的，他非常之穷，而心里很平静。家常无米，就去向人家门口求乞。他穷到有客来见，连鞋也没有，那客人给他从家丁取鞋给他，他便伸了足穿上了。虽然如此，他却毫不为意，还是"采菊东篱下，悠然见南山"。这样的自然状态，实在不易模仿。他穷到衣服也破烂不堪，而还在东篱下采菊，偶然抬起头来，悠然地见了南山，这是何等自然。现在有钱的人住在租界，雇花匠种数十盆花，便作诗，叫作"秋日赏菊效陶彭泽体"，自以为合于渊明的高致，我觉得不大像。

陶潜之在晋末，是和孔融于汉末与嵇康于魏末略同，又是将近易代的时候。但他没有什么慷慨激昂的表示，于是便博得"田园诗人"的名称。但《陶集》里有《述酒》一篇，是说当时政治的。这样看来，可见他于世事也并没有遗忘和冷淡，不过他的态度比嵇康、阮籍自然得多，不至于招人注意罢了。还有一个原因，先已说过，是习惯。因为当时饮酒的风气相沿下来，人见了也不觉得奇怪，而且汉、魏、晋相沿，时代不远，变迁极多，既经见惯，就没有大感触，陶潜之比孔融嵇康和平，是当然的。例如看北朝的墓志，官位升进，往往详细写着，再仔细一看，他已经经历过两三个朝代了，但当时似乎并不为奇。

据我的意思，即使是从前的人，那诗文完全超于政治的所谓"田园诗人""山林诗人"，是没有的。完全超出于人间世的，也是没有的。既然是超出于世，则当然连诗文也没有。诗文也是人事，既有诗，就可以知道于世事未能忘情。譬如墨子兼爱，杨子为我。墨子当然要著书；杨子就一定不著，这才是"为我"。因为若作出书来给别人看，便变成"为人"了。

由此可知，陶潜总不能超于尘世，而且，于朝政还是留心，也不能忘掉"死"，这是他诗文中时时提起的。用另一种看法研究起来，恐怕也会成一个和旧说不同的人物罢。

男女关系与婚姻习惯

顾颉刚

一般人都以为"男女有别"是三代圣王传下的教训,在很古的时候,整个社会的男子与女子已经"不相授受"和"不通音问"了。这个观念至少可以说有一半是错的!我们谨慎些说,"男女有别",在战国以前,只是上层贵族间所守的礼教;至于中等以下的阶级,满没有这回事!

我们先从最可靠的《诗经》里看看当时(春秋时)中等以下阶级的男女间的关系:号称周初的诗而实际上大半是西周以后的作品《召南》里有一首《野有死麕(音 jūn)》,它叙述一个武士向一位闺女求爱的情形:"他用白茅包了一只死鹿,当作礼品,送给怀春而如玉的她。她接受了他的爱,轻轻对他说道:'慢慢地来呀!不要拉我的手帕呀!狗在那里叫了!'"这首诗证明了那时的男子可以直接向女子求爱。

男女们又有约期私会的,如《邶(音 bèi)风》的《静女》的作者说:"美好的女儿在城角里等候我,我爱她,但找不见她,使我搔着头好没主意。她送给我一根红色的管子,又送给我一束荑草，这些东西是何等地好——唉！我哪里是爱的这些，只为它们是美人的赠品！"又如，《鄘风》的《桑中》记着一位孟姜在桑中的地方等候她的情人，又在上宫迎接他；相会过之后，就到淇水上送他回去。我们看那时女子们的行动是何等的自由。她们可以到东门外像云一般地团聚游玩，她们可以同男朋友坐在一辆车上或并肩行走去游玩。

据说，郑、卫两国的风俗是最淫乱的。在卫国的诗《邶风》里有一首《新台》，这首诗从前的经学家说是卫国人做了讽刺卫宣公当扒灰老的，这实在是笑话！我们看看这首诗里说些什么话："新台下面河水弥弥漫漫地流着，我们所需要的是美丈夫，可恨只见了许多丑汉！渔网本为打鱼设的，不料投进了一头鸿鸟。我们所需要的是美丈夫，可恼得到了一个驼背老！"（新台有泚，河水弥弥。燕婉之求，蘧篨不鲜。新台有洒，河水浼浼。燕婉之求，蘧篨不殄。鱼网之设，鸿则离之。燕婉之求，得此戚施。）这原是一首女子们自由求配偶的戏谑诗歌。

在《郑风》里有一首《溱洧（音wěi）》，里面记述得更是热闹："溱水与洧水正在慢慢地流呀，男的和女的手里拿着兰花正在玩呀。她说：'我们一同到那边去玩玩吧？'他答道：'那边已经去过了。'她又说：'再去玩玩也何妨！'他就和她来到洧水之外，这真是快乐的地方呀！男人们和女人们尽说着笑话，采了芍药花，他送了她，她又送他。"这是怎样美丽的一幅仕女春游图的写真！

但是她们也有时被家长们监视，《郑风》里就有一首诗记着一位闺女被拘禁的呼声。她嚷着："仲子啊！你不要跳过我的墙，你不要折了我家种的桑。并不是我爱惜这些东西,只因怕我的父母哥哥们说闲话呀。你固然是可爱的,但是父母哥哥们的闲话也是可怕的呀!"他们和她们固然"邂逅相遇",就可以"适我愿",但是这样容易的结合,自然有许多流弊出来。

《郑风》里还有两首诗记着:"她循着大路,牵着他的衣袖,对他央告道:'你不要讨厌我呀!旧好是不该轻易忘记的呀!'"这是一位柔弱的女子被男子遗弃时的悲声。"你如还爱我,我就牵了衣裳涉过溱水来会你;你如不爱我,难道我就找不到别人?无赖汉呀你好无赖也!"这是一位泼辣妇对她的无情男子的痛骂。

大家读了上面的叙述,不免感到当时下层社会男女间只有自由的结合而没有较严格的婚姻制度。你们如果有了这种观念,我又要告诉你们,这是错的!他们的确也有较严格的婚姻制度存在:"怎样种麻?先需把田亩横直耕耘好。怎样娶妻?先需禀告自己的父母!""怎样砍柴?非用斧子不可。怎样娶妻?非请媒人不得!"在这两段话里,证明了那时的正式婚姻已需要"父母之命"和"媒妁之言"了。

请不到好的媒人,婚姻是要"愆(音 qiān)期"的。得不到"父母之命"便怎样呢?《鄘风》里记着一位叛逆的女性的呼声道:"柏树做成的舟,正在河中漂流,那位头发披向两面的他,才是我的好配偶。我至死也不变心。呵,那像天帝一般威严的母亲!你真太不原谅人了!"她甘心殉情了。

当时有势力的男子为了得到女子的爱,甚至拿打官司去压迫对方,《召南》里又有一首诗记着一个女子反抗强暴的男子的说话:"谁说雀鸟没有角?它已经把我的屋子触穿了。谁说你没有财产？竟至于拿打官司来压迫我了。但是无论怎样，我是绝不和你同居的！"但是有时女子们也很需待男子来求婚，她们嚷着："梅树的叶子落完了，梅果儿已装满一篮子了。求我的男子们呀，你们可以来提亲了！"看她这样地迫不及待！

正式的婚姻虽由"父母之命，媒妁之言"而结合，但也有先期由男女双方自己私定终身的。例如，《邶风》的《击鼓》记着一位战士和他的爱人在"死生契阔"的当儿订成了婚约，"手搀着手，甘心偕老"。又如，《卫风》的《氓》诗记着一个女子自述半生的经过道："呆蠢的他抱着布来买丝；他并不是真来买丝，实在是来和我商量订婚的事。我送他涉过淇水，一直来到顿丘，对他说：'并不是我故意愆期，只因你没有请得好媒人来。请你不要愤怒，我们就在这个秋天订婚期罢！'"在这段话里，使我们知道男女的婚姻可以由双方自己谈判，但是其间也缺少不了媒人。

这种半自由恋爱的婚姻也会收到坏结果的。《氓》诗的作者叙述他们订婚之后的情形："我常常站在缺墙上远远盼望那从复关里出来的他；看不见他的时候，哭得眼泪汪汪。好容易见到了他，又喜笑，又谈话；据他说：'在卜筮里得到的卦象也不差。'他就用一部车来，把我和我的积蓄一同带到了他家。我在他家里整整做了三年的主妇，吃了不知多少的苦，早起晚睡，一刻不得闲功夫，这也算对得住他了；却不料，他如愿之后，渐渐变起心来了，把我遗弃掉。我的兄弟们不知细情，背地里只管冷笑。想起从前，我们小的时候，海誓山盟，何等要好。万想不到，会有变卦的今朝，我自己懊悔也来不及了。奉劝天下做女儿的，你们

◇ 男女关系与婚姻习惯

不要再与男子们相好了！男子们的心真是永远的不可靠！"

以上所记述的都是下层阶级（包括下等武士和庶民等）男女关系和婚姻习惯；至于中上层阶级，男女间似乎是有较谨严的礼制的。战国人所传的《礼经》中有一篇《士昏（婚）礼》，记载着"士"阶级的婚礼很是详细，参以别种记载说起来，大致是先由媒人提亲，继以纳采、问名、纳吉、纳征和请期等礼。纳采、纳吉、请期都是用雁做礼物，纳征用币（十匹黑帛，两方鹿皮）做礼物。到了婚期由新郎亲迎新妇回家成婚。详细情形，不必赘叙。我们再从较可靠的书籍里寻取春秋时中等以上阶级的婚姻习惯。

春秋时卿大夫们的婚姻是很讲究门第的，他们所娶所嫁，往往是他们的敌体的人家，这国的贵族和那国的贵族常常借了通婚姻以结外援。他们也有时上娶嫁于国君，或下娶嫁于庶民，但这似乎只是例外。他们除正妻之外（极少的例外，诸侯与大夫的正妻也可以有两个以上），还有许多妾，多妻主义在贵族社会里差不多人人实行着。他们的正妻需要正式媒聘，至于妾，则有些是正妻的媵女，有些是奴婢升上的，有些是买来的，有些是他人赠送的，有些是淫奔来的，有些甚至是抢夺来的。不好的妻可以赶掉，不好的妾自然也可以赶掉，送掉，甚至于杀掉。被赶掉的妻和妾同寡妇一样可以随意改嫁，卿大夫们娶再嫁的女子为妻丝毫不以为耻辱，贵族的女子再嫁在当时人看来真是平淡无奇的事。例如，郑执政祭仲的妻曾教导她的女儿道："凡是男子都可以做女人的丈夫，丈夫哪里及得父亲只有一个的可亲。"这证明了当时女子对于贞节是不大注重的，虽然例外也很多。

现在且说几件春秋时贵族阶级的婚姻故事：当鲁昭公的时候，郑国大夫徐吾犯有个妹子长得很美，郑君的宗室公孙楚已聘为妻，不料另一宗室公孙黑又叫人去强纳聘礼。徐吾犯为了这件事很着急，就去报告执政子产。子产道："听你妹子的意思，随便嫁给哪个都可以。"徐吾犯就去请了公孙楚和公孙黑两人前来听他妹子的选择。公孙黑打扮得很漂亮进门，陈列了礼物然后出去。公孙楚穿着武装进门，向左右拉把射箭，射完了箭，跳上车子就走了。徐吾犯的妹子在房里看了，说道："子晳（公孙黑）固然长得好，但子南（公孙楚）却是个丈夫的样子。"于是她就嫁给公孙楚。在这件故事里可以看出当时女儿眼光中的标准丈夫，是要纠纠武夫的样子的。

我们知道郑国最著名的美男子是子都，他就是一个能与勇夫争车的力士。再看当时人作的诗，对于一位名叫叔的称颂，也是歌咏他的"善射""良御"和"袒裼暴虎"，他膺得了"洵美且武"的称号；而"将叔无狃，戒其伤女"，似乎还是当时女儿们对于这位"叔"的一种轻怜密爱呢？

又当鲁宣公的时候，陈国有一个大夫叫夏征舒，他的母亲夏姬是郑国的宗女，著名的美人，她的美名引得陈国的君臣争着与她发生关系，结果弄得君死国亡，夏姬被掳到楚国。楚庄王想纳她做妾，只为听了大夫申公巫臣的谏劝而作罢。执政子反也想要她，仍被巫臣劝止。庄王把她赐给臣下连尹襄老，连尹襄老战死，她又与襄老的儿子通奸了。不料巫臣早想占有这朵鲜花，就暗地派人劝她回到娘家郑国去，说自己愿意正式聘娶她为妻。他用尽了心计，才把夏姬送回郑国。夏姬刚回到娘家，巫臣就派人去提亲，郑国答应了。后来巫臣就乘楚共王派他到齐国去的机会，带了全家动身；一到郑国，就叫副使带了聘物回报楚共王，自己却接了夏姬一同逃奔晋国去了。像夏姬这样的女子，堂堂大国的大夫竟至丢弃了身家去谋娶她，当时也没有什么人批评巫臣的下贱，可见那时人对于女子的贞节观念是怎样的与后世不同了。

但是事情也不可执一而论，我们试再说一个故事：当鲁定公的时候，吴人攻入楚的国都，楚昭王带了妹子季芈等逃走，半路遇盗，险些送掉性命。幸运落在他的一个从臣钟建身上，他把季芈救出，背起来跟着楚王一起跑。后来楚王复国，要替季芈找丈夫，她谢绝道："处女是亲近不得男子的，钟建已背过我了！"楚王会意，便把她嫁给钟建。在这段故事里，又可见贵族间男女的礼教究竟是比较谨严的。又如，有一次宋国失火，共公的夫人伯姬（鲁女）因等待女师未来，守礼不肯出堂，竟被火烧死，这也可以证明当时贵族女子是怎样的有守礼的观念了。

从国君以下的贵族的婚礼，一样也用媒人，一样也由父母之命决定。国君们的妻子大致是从外国娶来的。他们寻常的嫁娶，是派臣下送迎。他们娶一个妻子，或嫁一个女儿，照例是有许多媵女跟随着。这种媵女的制度似乎通行于各级贵族之间。她们大致是正妻的姊妹或侄女及底下人，也有些是友好的国家送来的陪嫁。

周人的婚姻制度，有一条极严格的定律，一直流传到后世，那便是"同姓不婚"制（到了清末，改同姓不婚为同宗不婚）。他们以为同姓结婚生育便不繁殖。虽然那时的国家或氏族也有因相好而互通婚姻，破坏了这条定律的，但例子究竟不多。

我们现在先把姓氏制度说一说：原来"姓"和"氏"两个名词在古代是有分别的。姓大约是母系社会的遗传物，凡属一系血统下的男女共戴着一姓。姓之下又有氏，氏就是小姓，是一姓中的分支，但"氏"似乎只是贵族阶级特有的标志。据古书的记载，诸侯以国名为氏，是天子所赐给的；大夫以受封的始祖的别字为氏，或以官名为氏，又或以邑名为氏，是诸侯所赐给的。氏或称为"族"。大约以字为氏族的大夫多是公族，他们的定例是这样的：诸侯的儿子称公子，公子的儿子称公孙，公孙的儿子就把他祖的字为氏族。但也偶有例外：有以祖的名为氏的，有以父的名字为氏的，又有以伯仲叔季等为氏的。至于以"官"或"邑"为氏族的则大致是异姓的大夫，但也有同姓的公族模仿这种例子的。又大夫的小宗也别有氏，大概也是用始祖的名字或官职地名等为氏的。他们的例子非常纷繁。当时的大夫又有以国名为氏的，如陈氏；有以爵名为氏的，如王氏、侯氏。

在周代，男子称氏不称姓，女子称姓不称氏。因为同姓不婚，所以妇人系姓非常重要。但在那时男女结婚，只要不是同姓（买妾不知其姓则用卜来解决），世代层是可以轻忽的，如侄女可以从姑母同嫁一夫，或继姑母为前后妻；舅舅也可以纳甥女为妻妾。

从较可靠的史籍里看，贵族的女子有师傅等跟着，似乎不能轻易自由行动。又据后世的传说，周公已定下了"礼仪三百，威仪三千"的礼制。但是在事实上，春秋时贵族男女非礼奸淫的事却多到不可胜计，有嫂子私通小叔的，有哥哥奸淫弟妇的，有婶母私通侄儿的，有伯叔父奸淫侄媳的，有君妻私通臣下的，有君主奸淫臣妻的，甚至有子通庶母，父夺儿媳，祖母通孙儿，朋友互换妻子等令人咋舌的事发生。

至于贵族男女间自由恋爱的例子也很多，如鲁庄公与孟任私定终身，阳封人的女儿私奔楚平王，斗伯比私通郧子的女儿等都是。可见在春秋时代，非礼的男女关系和婚姻，无论是在贵族还是在平民间都是盛行的。

跪　拜

吴　晗

在京剧中,老百姓见官得跪着,小官见大官得跪着,大官见皇帝也得跪着,跪之不足,有时还得拜上几拜,好像人们长着膝盖就是为了跪、拜似的,为什么会有这种礼节呢?

根据古书的记载,我们知道,原来戏台上的跪、拜,确实反映了古代人们的礼节。例如,清末大学士瞿鸿禨(音jī)的日记里,就记载着清朝的官员们和皇帝、皇太后谈话的时候,都一溜子跪在地上,他们大多数人年纪大了,听觉不好,跪在后边的听不清楚皇帝说的什么,就只好推推前边跪的人,问到底说的是什么。有的笔记还记着这些年老的大官,怕跪久了支持不住,特地在裤子中间加衬一些东西,名为护膝。而且,不只是宫廷、官府如此,民间也是这样的,如蔡邕《饮马长城窟行》:"长跪读素书,书上竟何如?"古诗:"上山采蘼芜,下山逢故夫。长跪问故夫,新人复何如?"《后汉书·梁鸿传》说,孟光嫁给梁鸿,带了许多嫁妆,过门七天,梁鸿不跟她说话,孟光就跪在床下请罪。《孔雀东南飞》:"府吏长跪告,伏惟启阿母。"可见妇女对男子、儿子对母亲也是有长跪的礼节的。

这到底是什么缘故呢？原来古代人是席地而坐的，那时候没有椅子、桌子之类的家具，不管人们在社会上地位的高低，都只能在地上铺一条席子，坐在地上。例如，汉文帝和贾谊谈话，谈到夜半，谈得很投机，文帝不觉前席，坐得靠近贾谊一些，听取他的意见。至于三国时代管宁和华歆因为志趣不同，割席绝交，更是脍炙人口的故事。正因为人们日常生活，学习也罢，工作也罢，都是坐在地上的，所以跪、拜就成为表示礼节的方式了。宋朝朱熹对坐、跪、拜之间的关系，有很好的说明。他说：古人坐着的时候，两膝着地，脚掌朝上，身子坐在脚掌上。要和人打招呼——肃拜，就拱两手到地；顿首呢，就把头顿于手上；稽首则不用手，而以头着地，这些礼节都是因为跪坐而表示恭敬。至于跪和坐又有小小不同处：跪是膝着地，伸腰及股。坐呢？膝着地，以臀着脚掌。跪有危义，坐则稍安。

从朱熹的这段话来看，宋朝人已经弄不清跪、坐、拜的由来了，所以朱熹得作这番考证。

有人不免提出疑问，人们都坐在地上，又怎么能工作和吃饭呢？这也不必担心，古人想出了办法，制造了一种小几，放在席上，可用以写字、吃饭。梁鸿吃饭的时候，孟光一切准备好了，举案齐眉，把案举高到齐眉毛，以表示在封建社会的男尊女卑制度下，妻子对丈夫的尊敬，这个案是很小很轻的，要不然，像今天一般桌子那样大小，孟光就非是个大力士不可。

因为古代人们都是坐在地上的，所以就得讲清洁卫生，要不然，一地的灰尘，成天坐着，弄得很脏，成何体统。

到了汉朝后期，北方少数民族的一种家具——胡床，传进来了，行军时使用非常方便，曹操就曾坐在胡床上指挥过作战。后来从胡床一变而为家庭使用的椅子，椅子高了，就得有较高的桌子，从此人们就离开了席子，不再席地而坐，改为坐椅子、凳子了。

人们的生活环境发生了很大的变化，但是，在席地而坐的时候所产生的反映封建等级制度和上下尊卑的礼节——跪和拜仍旧习惯性地继承下来，并且从此坐和跪拜分了家，跪和拜失去了和生活方式的任何联系，单纯地成为表示敬意和等级差别的礼节了。

明代的科举和绅士特权

吴 晗

明、清两代五六百年间的科举制度,在中国文化、学术发展的历史上作了大孽,束缚了人们的聪明才智,阻碍了科学的进展,压制了思想,使人们脱离实际,脱离生产,专读死书,专学八股,专写空话,害尽了人,也害死了人,罪状数不完,也说不完。

这些且不说,光就考试时的情况说,也是气死人的。明末艾南英《天佣子文集》有一篇文章专讲考举人时的苦处:

考试这一天,考场打了三通鼓,秀才们即使遇到大冷天,冰霜冻结,也得站在门外等候点名。督学呢,穿着红袍坐在堂上,灯烛辉煌,围着炉子取暖,好不舒服。

秀才们得解开衣裳,左手拿着笔砚,右手拿着布袜,听候府县官点名,排个儿站在甬道里,依次到督学面前。每一个秀才,有两个搜检军侍候,从头发搜到脚跟,光着肚子光着腿,要好几个时辰才能全搜完,个个冻得牙齿打战,腰以下都冻僵了,摸着也不像是自己的皮肤。要是大热天呢,督学穿着纱衣裳,在阴凉地里，喝着茶，摇着扇子，凉快得很。秀才们呢，十百一群，挤立在尘埃飞扬的太阳地上，按制度不能扇扇子，穿的又是大布厚衣。到了考场，几百人夹坐在一起，腥气、秽气，蒸着、熏着，大汗通身，衣裳都湿透了，却一滴水也不敢入口。虽然公家有人管茶水，但谁也不敢喝，喝了就有人在你卷子上打一个红记号，算是舞弊犯规，文章尽管写得好，也要扣分，降一等。

冷天也罢，热天也罢，都得吃苦头。

考的时候，东西两面站着四个瞭望军，是监场的，谁也不敢抬头四面看，有人困了站一下，打一个呵欠，和隔壁考生说话，以至歪着坐，又是一个红记号打上了，算犯规，文章尽管好，也扣分，降一等。弄得人人腰脊酸痛，连大小便也不得自由，得忍着些。连动手动脚、抬头伸腰的自由也被剥夺了，苦哉！

考试座位呢，是衙门里的工吏包办的，他们得赚一点钱，贪污了一大半经费，临时对付，做得很窄小，两个手膀也张不开；又偷工减料，薄而脆，外加裂缝，坐下重一点，就怕塌下。加上同号的总有十几个人，座位是用竹子连着的，谁的手脚稍动一下，连号的座位便都动摇了，成天没个停，写的字也就歪歪扭扭了。

这篇文章写得实在好，道尽了考生的苦处，也道尽了封建统治者不把学生当人的恶毒待遇。文章里用督学的拥炉、挥扇相对衬，更把考生的苦况突出了。清朝继承了明朝这一套，《儿女英雄传》写安骥殿试时，自己背桌子考篮的情况，可以参看。

这样苦，为什么人们还是抢着考，唯恐吃不到这苦头呢？是为了做官。顾公燮《消夏闲记摘抄》记载明朝人中举人的情况：

◇ 明代的科举和绅士特权

明朝末年的绅士，非常之威风。凡是中了举人，报信的人都拿着短棍，从大门打起，把厅堂窗户都打烂了，叫作"改换门庭"。工匠跟在后面，立时修整一新，从此永为主顾。接着，同姓的地主来和您通谱，算作一家，招女婿的也来了，有人来拜你做老师，自称门生。只要一张嘴，银子上千两地送，以后有事，这些人便有依靠了。

出门呢，坐着大轿，前面有人拿着扇啦，掌着盖啦、诸如此类，连秀才出门，也有门斗张着油伞引路。

有婚丧事的时候，绅士和老百姓是不能坐在一起的，要另搞一个房子叫大宾堂，有功名的人单坐在一起。

清人吴敬梓所作《儒林外史》，穷秀才范进中举一段绝妙文字，正是顾公燮这一段记载的绝妙注脚。到中了进士，就更加威风了。上任做官，车啦，马啦，跟班啦，衣服用具啦，饮食用费啦，都自然会有人支应。上了任，债主也跟着来，按期还债（陶奭龄《小柴桑喃喃录》上；周顺昌《烬余集》卷二《与吴公如书》）。

即使中不了进士，光是秀才、举人，也就享有许多特权了。其一是免役。只要进了学，成为秀才，法律规定可免户内二丁差役。明朝里役负担是很重的，要是有二十亩田地的中农，假如家里不出一个秀才，一轮到里役，便得破家荡产（《温宝忠遗稿》卷五《士民说》）。以此，一个县里秀才举人愈多，百姓便越穷，因为他们得把绅士的负担分担下来（顾炎武《亭林文集·生员论》）。

第二是可以有奴婢使唤。明制，平民百姓是不许存养奴婢的，《大明律》规定："庶民之家，存养奴婢者，杖一百，即放从良。"

第三是法律的优待。明初规定一般进士、举人、贡生犯了死罪，可以特赦三次，以后虽然没有执行，但是，还是受到优待，秀才犯了法，地方官在通知学校把他开除之前，是不能用刑的。如犯的不是重罪，便只通知学校当局，加以处分了事。

第四是免粮。家遭寒苦，无力完粮的，可由地方官奏销豁免。因之，不但秀才自己免了役，免了赋，甚至包揽隐庇，借此发财。廪生照规定由国家每年给膏火银一百二十两，不安分的便揽地主钱粮在自己名下，请求豁免，"坐一百，走三百"，不动腿呢，一年一百二十两，多跑跑县衙门，一年三百两，是当时的民间口语。

第五便是礼貌待遇。顾公燮所记的大宾堂是有法律根据的，洪武十二年（1379年）八月明太祖颁布法令，规定绅士只能和宗族讲尊卑的礼法，至于宴会，要另设席位，不许坐于无官者之下。和异姓无官者相见，不必答礼。庶民见绅士要用见官礼谒见。违反的按法律制裁。

有了这样多特权，吃点苦头又算什么呢？

明、清两代的知识分子，在通过考试之前，封建统治者把他们不当人看待，加以种种虐待。但是，在成为秀才、举人、进士之后，便成为统治集团的一员，和庶民不同，他们分享了统治阶级的特权，成为特权阶级。最近有人讲明朝后期情况，把秀才也算在市民里面，把他们下降为庶民，在我看来，是不符合客观存在的历史事实的。

华夏经纬

从"三皇"到"五帝"

吕思勉

"三皇"与"五帝"

中国俗说,最早的帝王是盘古氏。古书有的说他和天地开辟并生,有的说他死后身体变化而成日月、山河、草木等。徐整《三五历记》说:"天地混沌如鸡子,盘古生其中。万八千岁,天地开辟,阳清为天,阴浊为地,盘古在其中。……天日高一丈,地日厚一丈,盘古日长一丈。如此万八千岁,天数极高,地数极深,盘古极长。"《五运历年记》说:"首生盘古,垂死化身;气成风云,声为雷霆,左眼为日,右眼为月,四肢五体为四极五岳,血液为江河,筋脉为地理,肌肉为田土,发髭为星辰,皮毛为草木,齿骨为金石,精髓为珠玉,汗流为雨泽,身之诸虫,因风所感,化为黎甿。"这自然是附会之词,不足为据。

《后汉书·南蛮传》说:汉时长沙、武陵蛮(长沙、武陵,皆后汉郡名。长沙,治今湖南长沙县;武陵,治今湖南常德县)

的祖宗，唤作盘瓠，乃是帝喾高辛氏的畜狗。当时有个犬戎国，为中国之患。高辛氏乃下令，说有能得犬戎吴将军的头，赏他黄金万镒，还把自己的女儿嫁给他。令下之后，盘瓠衔了吴将军的头来。遂背了高辛氏的公主，走入南山，生了五男五女，自相夫妻，成为长沙、武陵蛮的祖宗。现在广西一带，还有祭祀盘古的。

闽浙的畬民，则奉盘瓠为始祖，其画像仍作狗形。有人说：盘古就是盘瓠，这话似乎很确。但是《后汉书》所记，只是长沙、武陵一支，而据古书所载，则盘古传说，分布之地极广，而且绝无为帝喾畜狗之说。据《路史》：会昌有盘古山，湘乡有盘古堡，雩都有盘古祠，成都、淮安、京兆皆有盘古庙。会昌，今江西会昌县。湘乡，今湖南湘乡县（今改县为市，编者注）。雩都，今江西雩都县（1957年改称于都，编者注）。成都，今四川成都县（今改县为市，编者注）。淮安，今江苏淮安县（今改县为市，编者注）。京兆，今西京（今陕西西安市），则盘古、盘瓠，究竟是一是二，还是一个疑问。如其是一，则盘古本非中国民族的始祖；如其是二，除荒渺的传说外，亦无事迹可考，只好置诸不论不议之列了。

在盘古之后，习惯上认为很早的帝王，就是三皇、五帝。三皇、五帝之名，见于《周官》外史氏，并没说他是谁。后来异说甚多。

三皇异说：《白虎通》或说，无燧人而有祝融。《礼记·曲礼正义》说，郑玄注《中候敕省图》引《运斗枢》，无燧人而有女娲。按《淮南子·天文训》《览冥训》《论衡·谈天》《顺鼓》两篇，都说"共工氏触不周之山，天柱折，地维缺，女娲炼五色石以补天，断鳌足以立四极"。而司马贞《补三皇本纪》说系共工氏与祝融战，则女娲、祝融为一人。祝融为火神，燧人是发明钻木取火的，可见其仍系一个部族。

五帝异说：汉代的古学家于黄帝、颛顼之间增加了一个少昊，于是五帝变成六人。郑玄注《中候敕省图》，乃谓德合五帝坐星，即可称帝，故"实六人而为五"。然总未免牵强。东晋晚出的《伪古文尚书》的《伪孔安国传序》，乃将三皇中的燧人除去，而将黄帝上升为三皇，于是六人为五的不通，给他弥缝过去了。《伪古文尚书》今已判明其为伪，人皆不之信，东汉古学家之说，则尚未显被推翻。但古学家此说，不过欲改五德终始说之相胜为相生，而又顾全汉朝之为火德，其作伪实无以异，而手段且更拙。

按五德终始之说，创自邹衍，本依五行相胜的次序。依他的说法，是虞土、夏木、殷金、周火，所以秦始皇自以为水德，而汉初自以为土德。到刘向父子出，改五德的次序为五行相生，又以汉为尧后。而黄帝的称号为黄，黄为土色，其为土德，无可移易。如此，依五帝的旧次，颛顼金德，帝喾水德，尧是木德，与汉不同德了。于其间增一少昊为金德，则颛顼水德，帝喾木德，尧为火德，与汉相同；尧以后则虞土、夏金、殷水、周木，而汉以火德承之，秦人则被视为闰位，不算入五德相承次序。这是从前汉末年发生，至后汉而完成的一套五德终始的新说，其说明见于《后汉书·贾逵传》，其不能据以言古代帝王的统系是毫无疑义的了。其较古的，还是《风俗通》引《含文嘉》，以燧人、伏羲、神农为三皇，《史记·五帝本纪》以黄帝、颛顼、帝喾、尧、舜为五帝之说。

案五帝之说，原（源）于五德终始，五德终始之说，创自邹衍，邹衍是齐人，《周官》所述的制度，多和《管子》相合，疑亦是齐学。古代本没有一个天子是世代相承的，即一国的世系较为连贯的，亦必自夏以后。夏、殷两代，后世的史家都认为是当时的共主，亦是陷于时代错误的。据《史记·夏本纪》《史纪·殷本纪》所载，明明还是盛则诸侯来朝，衰则诸侯不至，何况唐、虞以上？所以三皇、五帝，只是后人造成的一个古史系统，实际上怕全不是这么一回事。但自夏以后，一国的世系，既略有可考，而自黄帝以后，诸帝王之间，亦略有不很正确的世系，总可借以推测古史的大略了。

古代帝王的称号，有所谓德号及地号。德号是以其所做的事业为根据的，地号则以其所居之地为根据。按古代国名、地名，往往和部族之名相混，还可以随着部族而迁移，所以虽有地号，其部族究在何处，仍难断言。至于德号，更不过代表社会开化的某阶段，或者某一个部族，特长于某种事业，并其所在之地而不可知，其可考见的真相就更少了。然既有这些传说，究可略据之以为推测之资。

传说中的帝王，较早而可考见社会进化的迹象的，是有巢氏和燧人氏。有巢氏教民构木为巢，燧人氏教民钻木取火，见于《韩非子》的《五蠹篇》。稍后则为伏羲、神农。伏羲氏始画八卦，作结绳而为网罟，以佃以渔；神农氏斫木为耜，揉木为耒；日中为市；见于《易经》的《系辞传》。有巢、燧人、神农都是德号，显而易见。伏羲氏，《易传》作包牺氏，包伏一声之转。据《风俗通》引《含文嘉》，是"下伏而化之"之意，羲化亦是一声。他是始画八卦的，大约在宗教上很有权威，其为德号，亦无疑义。这些都不过代表社会进化的一个阶段，究有其人与否，殊不可知。但各部族的进化不会同时，某一个部族，对于某一种文化，特别进步得早，是可能有的。如此，我们虽不能说在古代确有发明巢居、取火、佃渔、耕稼的帝王，却不能否认对于这些事业，有一个先进的部族。既然有这部族，其时、地就该设法推考了。

伏羲古称为太昊氏，风姓，据《左氏》（即《左传》，下同）僖公二十一年所载，任、宿、须句、颛臾四国，是其后裔。任在今山东的济宁县，宿和须句都在东平县，颛臾在费县。神农，《礼记·月令》《疏》引《春秋说》，称为大庭氏。《左氏》昭公十八年，鲁有大庭氏之库。鲁国的都城，即今山东曲阜（《帝王世纪》说伏羲都陈，乃因左氏有"陈太昊之墟"之语而附会，不足信，见下文。又说神农氏都陈徙鲁，则因其承伏羲之后而附会的）。然则伏羲、神农，都在今山东东南部，和第十九章（内容见吕思勉《中国通史》第十九章，编者注）所推测的汉族古代的根据地，是颇为相合的了。

神农亦称炎帝，炎帝之后为黄帝，炎、黄之际，是有一次战事可以考见的，古史的情形，就更加明白了。《史记·五帝本纪》说："神农氏世衰，诸侯相侵伐，弗能征，而蚩尤氏最为暴。""黄帝乃征师诸侯，与蚩尤战于涿鹿之野，遂擒杀蚩尤。"又说："炎帝欲侵陵诸侯，诸侯咸归轩辕。"（《史记·五帝本纪》说黄帝名轩辕，他书亦有称为轩辕氏的。按古书所谓名，兼包一切称谓，不限于名字之名）轩辕"与炎帝战于阪泉之野，三战然后得其志"。其说有些矛盾。《史记》的《五帝本纪》，和《大戴礼记》的《五帝德》，是大同小异的，《大戴礼记》此处，却只有和炎帝战于阪泉，而并没有和蚩尤战于涿鹿之事。神农、蚩尤，都是姜姓。《周书·史记篇》说"阪泉氏徙居独鹿"，独鹿之即涿鹿，亦显而易见。然则蚩尤、炎帝，即是一人，涿鹿、阪泉，亦系一地。

《太平御览·州郡部》引《帝王世纪》转引《世本》，说涿鹿在彭城南，彭城是今江苏的铜山县（服虔谓涿鹿为汉之涿郡，即今河北涿县。皇甫谧、张晏谓在上谷，则因汉上谷郡有涿鹿县而云然，皆据后世的地名附会，不足信。汉涿鹿县即今察哈尔涿鹿县）。《世本》是古书，是较可信据的，然则汉族是时的发展，仍和鲁东南不远了。黄帝之后是颛顼，颛顼之后是帝喾，这是五帝说的旧次序。后人于其间增一少昊，这是要改五德终始之说相胜的次序为相生，又要顾全汉朝是火德而云然，无足深论。但是有传于后，而被后人认为共主的部族，在古代总是较强大的，其事迹仍旧值得考据，则无疑义。

《史记·周本纪正义》引《帝王世纪》说：炎帝、黄帝、少昊都是都于曲阜的，而黄帝自穷桑登帝位，少昊氏邑于穷桑，颛顼则始都穷桑，后徙帝丘。他说"穷桑在鲁北，或云穷桑即曲阜也"。《帝王世纪》，向来认为不足信之书，但只是病其牵合附会，其中的材料，还是出于古书的，只要不轻信其结论，其材料仍可采用。《左氏》定公四年说伯禽封于少昊之墟，昭公二十年说

"少昊氏有四叔，世不失职，遂济穷桑"，则穷桑近鲁，少昊氏都于鲁之说，都非无据。帝丘地在今河北濮阳县，为后来卫国的都城。颛顼徙帝丘之说，乃因《左氏》昭公十七年"卫颛顼之虚"而附会，然《左氏》此说，与"陈太昊之墟""宋大辰之虚""郑祝融之虚"并举，大辰，无论如何，不能说为人名或国名（近人或谓即《后汉书》朝鲜半岛的辰国，证据未免太乏），则太昊、祝融、颛顼，亦系天神，颛顼徙都帝丘之说，根本不足信了。

《史记·五帝本纪》说："黄帝正妃嫘祖生二子，其后皆有天下。其一曰玄嚣，是为青阳，青阳降居江水"，此即后人指为少昊的。"其二曰昌意，降居若水，生高阳。"高阳即帝颛顼。后人以今之金沙江释此文的江水，鸦龙江释此文的若水，此乃大误。古代南方之水皆称江。《史记·殷本纪》引《汤诰》，说"东为江，北为济，西为河，南为淮，四渎既修，万民乃有居"。其所说的江，即明明不是长江（淮、泗、汝皆不入江，而《孟子·滕文公上篇》禹"决汝、汉，排淮泗，而注之江"，亦由于此）。《吕览·古乐篇》说："帝颛顼生自若水，实处空桑，乃登为帝。"可见若水实与空桑相近。《山海经·海内经》说："南海之内，黑水，青水之间，有木焉，名曰若木，若水出焉。"……《楚辞》的若木，亦当作桑木，即神话中的扶桑，在日出之地（此据王筠说，见《说文释例》）。然则颛顼、帝喾，踪迹仍在东方了。

始于尧、舜、禹时代的汉族西迁

继颛顼之后的是尧，继尧之后的是舜，继舜之后的是禹。尧、舜、禹的相继，据儒家的传说，是纯出于公心的，即所谓"禅让"，亦谓之"官天下"。但《庄子·盗跖篇》有尧杀长子之说，《吕览·去私》《求人》两篇，都说尧有十子，而《孟子·万章上篇》和《淮南子·泰族训》，都说尧只有九子，很像尧的大子是被杀的（俞正燮即因此疑之，见所著《癸巳类稿·冡证》）。后来《竹书纪年》又有舜囚尧，并偃塞丹朱，使不与尧相见之说。刘知几因之作《疑古篇》，把尧、舜、禹的相继，看作和后世的篡夺一样。其实都不是真相。古代君位与王位不同。尧、舜、禹的相继，乃王位而非君位，这正和蒙古自成吉思汗以后的汗位一样。成吉思汗以后的大汗，也还是出于公举的。前一个王老了，要指定一人替代，正可见得此时各部族之间，已有较密切的关系，所以共主之位，不容空缺。自夏以后，变为父子相传，古人谓之"家天下"，又可见得被举为王的一个部族，渐次强盛，可以久居王位了。

尧、舜、禹之间，似乎还有一件大事，那便是汉族的开始西迁。古书中屡次说颛顼、帝喾、尧、舜、禹，和共工、三苗的争斗（《淮南子·天文训》《兵略训》，都说共工与颛顼争，《原道训》说共工与帝喾争。《周书·史记篇》说共工亡于唐氏。《书经·尧典》说舜流共工于幽州。《荀子·议兵篇》说禹伐共工。《书经·尧典》又说舜迁三苗于三危。《甫刑》说："皇帝遏绝苗民，无世在下。"皇帝，《疏》引郑注以为颛顼，与《国语》《楚语》相合。而《战国·魏策》《墨子》的《兼爱》《非攻》,《韩非子》的《五蠹》,亦均载禹征三苗之事)。共工、三苗都是姜姓之国,似乎姬、姜之争,历世不绝,而结果是姬姓胜利的。我的看法,却不是如此。

《国语·周语》说:"共工欲壅防百川,堕高堙卑,鲧称遂共工之过,禹乃高高下下,疏川导滞。"似乎共工和鲧,治水都是失败的,至禹乃一变其法。然《礼记·祭法篇》说"共工氏之霸九州岛也,其子曰后土,能平九州岛",则共工氏治水之功,实与禹不相上下。后人说禹治水的功绩,和唐、虞、夏间的疆域,大抵根据《书经》中的《禹贡》,其实此篇所载,必非禹时实事。《书经》的《皋陶谟》载禹自述治水之功道:"予决九川,距四海,浚畎浍距川。"九川特极言其多。四海的海字,乃晦暗之意。古代交通不便,又各部族之间多互相敌视,本部族以外的情形,就茫昧不明,所以夷、蛮、戎、狄,谓之四海(见《尔雅·释地》,中国西北两面均无海,而古称四海者以此)。

州、洲本系一字,亦即今之岛字。《说文》川部:"州,水中可居者。昔尧遭洪水,民居水中高土,故曰九州岛。"此系唐、虞、夏间九州的真相,决非如《禹贡》所述,跨今黄河、长江两流域。同一时代的人,知识大抵相类,禹的治水,能否一变共工及鲧之法,实在是一个疑问。

堙塞和疏导之法,在一个小区域之内,大约共工、鲧、禹,都不免要并用的。但区域既小,无论堙塞,或疏导,亦决不能挽回水灾的大势,所以我疑心共工、鲧、禹,虽然相继施功,实未能把水患解决,到禹的时代,汉族的一支,便开始西迁了。尧的都城，《汉书·地理志》说在晋阳，即今山西的太原县。郑玄《诗谱》说他后迁平阳，在今山西的临汾县。《帝王世纪》说舜都蒲阪，在今山西的永济县。又说禹都平阳，或于安邑，或于晋阳，安邑是今山西的夏县。这都是因后来的都邑而附会。

《太平御览·州郡部》引《世本》说，尧之都后迁涿鹿；《孟子·离娄下篇》说："舜生于诸冯，迁于负夏，卒于鸣条。"这都是较古之说。涿鹿在彭城说已见前。诸冯、负夏、鸣条皆难确考。然鸣条为后来汤放桀之处，桀当时是自西向东走的，则鸣条亦必在东方。而《周书·度邑解》说："自洛汭延于伊汭，居易无固，其有夏之居。"这虽不是禹的都城，然自禹的儿子启以后，就不闻有和共工、三苗争斗之事，则夏朝自禹以后，逐渐西迁，似无可疑。

然则自黄帝至禹，对姜姓部族争斗的胜利，怕也只是姬姓部族自己夸张之词，不过只有姬姓部族的传说留遗下来，后人就认为事实罢了。为什么只有姬姓部族的传说留遗于后呢？其中仍有个关键。大约当时东方的水患是很烈的，而水利亦颇饶。因其水利颇饶，所以成为汉族发祥之地。因其水患很烈，所以共工、鲧、禹相继施功而无可奈何。禹的西迁，大约是为避水患的。当时西边的地方，必较东边为瘠，所以非到水久治无功时，不肯迁徙。然既迁徙之后，因地瘠不能不多用人力，文明程度转而因此进步，而留居故土的部族，反落其后了。这就是自夏以后，西方的历史传者较详，而东方较为茫昧之故。然则夏代的西迁，确是古史上的一个转折，而夏朝亦确是古史上的一个界划了。

周朝的兴起

张荫麟

当商朝最末的一百年间,在渭水的流域,兴起了一个强国,号为周。周字的古文象田中有种植之形,表示这国族是以农业见长。周王室的始祖后稷(姬姓),乃是一个著名的农师(传说与禹同时),死后被周人奉为农神的。后稷的子孙辗转迁徙于泾渭一带;至古公亶父(后来追称太王),原居于豳(今陕西邠县附近),因受不了鬼方侵迫,率众迁居岐山(在今陕西岐山县境)之下。这一带地方盖特别肥沃,所以后来周人歌咏它道:

周原膴膴,堇荼如饴(《诗经·大雅·绵》)。

以一个擅长农业的民族,经过移民的选择,来到肥沃土地,而且饱经忧患,勤奋图存,故不数十年间,便蔚为一个富强之国。到了古公子季历(后来追称王季)在位时,竟大败鬼方,俘其酋长二十人了。古公在豳,还住地穴,其时周人的文化可想而知。迁岐之后,他们开始有宫室、宗庙和城郭了。季历及其子昌

（后来追称文王）皆与商朝联婚，这促进了周人对商文化的接受，也促进了周人的开化。

至少自古公以下，周为商朝的诸侯之一，故卜辞中有"令周侯"的记录。旧载季历及昌皆受商命为"西伯"，即西方诸侯之长，当是可信。但卜辞中屡有"寇周"的记载，可见商与周的关系并不常是和谐的。旧载古公即有"翦商"的企图。盖周自强盛以来，即以东向发展为一贯之国策。古公和季历的雄图表现，于史无考，但西伯昌的远略尚可窥见一斑。他在逝世前九年，自称接受了天命，改元纪年。此后六年之间，他至少灭掉了四个商朝的诸侯国：

1. 密 今甘肃灵台县西
2. 黎 今山西黎城县东北
3. 邘 今河南沁阳西北
4. 崇 今河南嵩县附近

此外，商诸侯不待征伐而归附他的当不少。又旧载西伯昌曾受商王纣命，管领江、汉、汝旁的诸侯，大约他的势力已及于这一带。后来周人说他"三分天下有其二"，若以商朝的势力范围为天下，恐怕竟去事实不远了。灭崇之后，西伯昌作新都于丰邑（在今长安县境），自岐下东迁居之。他东进的意向是够彰明的了。

文王死后第四年的春初，他的嗣子武王发率领了若干诸侯及若干西北西南土族的选锋（中有庸、蜀、羌、髳、微、卢、彭、濮等族类，其名字不尽见于以前和以后的历史），大举伐商；他的誓师词至今犹存，即《尚书》里的《牧誓》。凭一场胜仗，武王便把商朝灭掉。战场是牧野，离商王纣的行都朝歌（今河南淇县）不远。朝歌是他的离宫别馆所在，是他娱悦晚景的胜地。这时他至少已有六七十岁了。在享尽畋游和酒色的快乐之后，他对第一次挫败的反应是回宫自焚而死。商兵溃散，武王等长驱入殷。

商朝所以亡得这样快，照后来周人的解释是文王、武王累世积德行仁，民心归向，而商纣则荒淫残暴，民心离叛；所谓"汤武革命，应乎天而顺乎人"。这固然不能说没有一些事实的影子，但事实决不如此简单。周人记载中无意泄露的关于商、周之际的消息，有两点可注意。一说"纣克东夷而陨其身"。可见商人在牧野之战以前，曾因征服东方的外族，而把国力大大损耗了；武王乃乘其疲敝而取胜的。一说"昔周饥，克殷而年丰"。可见牧野之战，也是周人掠夺粮食、竞争生存之战。武王是知道怎样利用饥饿的力量的。

殷都的陷落和商朝的覆亡，只是周人东向发展的初步成功。商朝旧诸侯的土地并不因此便为周人所有，而且许多旧诸侯并不因此就承认武王为新的宗主。此后武王、成王、康王之世，不断地把兄弟、子侄、姻戚、功臣分封于外，建立新国。这些新国大抵是取旧有的诸侯而代之，也许有的是开辟本来未开辟的土地。每一个这类新国的建立，便是周人的一次向外移殖，便是周人势力范围的一次扩展。

但当初武王攻陷殷都之后，并没有把殷都及殷王畿占据，却把纣子武庚、禄父封在这里，统治商遗民，而派自己的两个兄弟管叔和蔡叔去协助并监视他们。这不是武王的仁慈宽大。这一区域是民族意识特别深刻的"殷顽民"的植根地，而且在当时交通不便的情形之下，离周人的"本部"丰岐一带很远，显然是周人所不易统治的。故此武王乐得做一个人情。这却种下后来一场大变的原因。

武王克殷后二年而死，嗣子成王年幼，王叔周公旦以开国功臣的资格摄政。管、蔡二叔心怀不平，散布流言，说"周公将不利于孺子"。并鼓动武庚、禄父联结旧诸侯国奄（今山东曲阜一带）和淮水下游的外族淮夷，背叛周室。周公东征三年，才把这场大乱平定。用兵的经过不得而详，其为艰苦卓绝的事业，是可想象的。于是周公以成王命，把殷旧都及畿辅之地封给文王的少子康叔，国号卫；把商丘一带及一部分殷遗民封给纣的庶兄微子启，以存殷祀，国号宋；把奄国旧地封给周公子伯禽，国号鲁；又封功臣太公望（姜姓）的儿子于鲁之北，国号齐（都今山东临淄）；封功臣召公奭（周同姓）的儿子于齐之北，国号燕（都今北平附近），都是取商朝旧有诸侯国而代之的。周公东征之后，周人的势力才达到他们的"远东"。就周人向外发展的步骤而论，周公的东征比武王的克殷还更重要。这大事业不可没有一些艺术的点缀。旧传《诗经·豳风》里《东山》一篇就是周公东征归后所作，兹录其一章如下：

我徂东山，慆慆不归。我来自东，零雨其濛。鹳鸣于垤，妇叹于室。洒扫穹窒，我征聿至。有敦瓜苦，烝在栗薪，自我不见，于今三年。

假如传说不误，这位多才多艺的军事政治家，还是一个委婉的诗人呢！

先是武王克殷后，曾在丰邑以东不远，另造新都曰镐京（仍在长安县境），迁居之，是为宗周。"远东"戡定后，在周人的新版图里，丰镐未免太偏处于西了。为加强周人在东方的控制力，周公在洛阳的地方建筑一个宏伟的东都，称为成周。成周既成，周公把一大部分"殷顽民"，远迁到那里。从此周人在东方可以高枕无忧了。却不料他们未来的大患乃在西方！周公对被迁到成周的殷人的训词，至今还保存着，即《尚书》里的《多士》。

武王、成王两世，共封立了七十多个新国，其中与周同姓的有五十多国；但这七十余国而外，在当时黄河下游和大江以南，旧有国族之归附新朝或为新朝威力所不屈的，大大小小，还不知凡几。在这区域内，周朝新建的和旧有的国，现在已考的有一百三十多。

本节叙周人的南徙至周朝的创业，本自成一段落。但为以下行文的方便起见，并将成王后康、昭、穆、共、懿、孝、夷、厉八世的若干大事附记于此。这时期的记载甚为缺略，连康、昭、共、懿、孝、夷六王在位的年数亦不可考（成王在位的年数亦然）。因此厉王以前的一切史事皆不能正确地追数为距今若干年。成、康二世为周朝的全盛时代，内则诸侯辑睦，外则四夷畏慑。穆王喜出外巡游，其踪迹所及，不可确考，但有许多神话附着于他。夷王时周室始衰，诸侯多不来朝，且互相攻伐。厉王即位于公元前878年。他因为积久的暴虐，于即位第三十七年，为人民所废逐，居外十四年而死。在这期间，王位虚悬由两位大臣共掌朝政，史家称之为共和时代。厉王死后，其子继立，是为宣王。

秦国的统一之路

吕思勉

春秋之世，诸侯只想争霸，即争得二三等国的服从，一等国之间，直接的兵争较少，有之亦不过疆场细故，不甚剧烈。至战国时，则（一）北方诸侯，亦不复将周天子放在眼里，而先后称王。（二）二三等国，已全然无足轻重，日益削弱，而终至于夷灭，诸一等国间，遂无复缓冲之国。（三）而其土地又日广，人民又日多，兵甲亦益盛，战争遂更烈。始而要凌驾于诸王之上而称帝，再进一步，就要径图并吞，实现统一的欲望了。

春秋时的一等国，有发展过速，而其内部的组织，还不甚完密的，至战国时，则臣强于君的，如齐国的田氏，竟废其君而代之，势成分裂的，如晋之赵、韩、魏三家，则索性分晋而独立。看似力分而弱，实则其力量反更充实了。边方诸国，发展的趋势，依旧进行不已，其成功较晚的为北燕。天下遂分为燕、齐、赵、韩、魏、秦、楚七国。六国都为秦所并，读史的人，往往以为一入战国，而秦即最强，这是错误的。

秦国之强，起于献公而成于孝公，献公之立，在公元前385

年，是入战国后的九十六年，孝公之立，在公元前361年，是入战国后的一百二十年。先是魏文侯任用吴起等贤臣，侵夺秦国河西之地。后来楚悼王用吴起，南平百越，北并陈、蔡，却三晋，西伐秦，亦称雄于一时。楚悼王死于公元前381年，恰是入战国后的一百年，于是楚衰而魏惠王起，曾攻拔赵国的邯郸（今河北邯郸县）。后又伐赵，为齐救兵所败，秦人乘机恢复河西，魏遂弃安邑，徙都大梁（今河南开封县）。秦人渡蒲津东出的路，就开通了。然公元前342年，魏为逢泽之会（在开封），《战国·秦策》称其"乘夏车，称夏王（此夏字该是大字的意思），朝天子，天下皆从"，则仍处于霸主的地位。其明年，又为齐所败。于是魏衰而齐代起，宣王、湣王两代，俨然称霸东方，而湣王之时为尤盛。相传苏秦约六国，合纵以摈秦，即在湣王之时。战国七雄，韩、魏地都较小，又逼近秦，故其势遂紧急，燕、赵则较偏僻，国势最盛的，自然是齐、秦、楚三国。楚袭春秋以来的声势，其地位又处于中部，似乎声光更在齐、秦之上，所以此时，齐、秦二国似乎是合力以谋楚的。

《战国策》说张仪替秦国去骗楚怀王：肯绝齐，则送他商於的地方六百里。楚怀王听了他，张仪却悔约，说所送的地方只有六里。怀王大怒，兴兵伐秦。两次大败，失去汉中。后来秦国又去诱他讲和，公元前299年，怀王去和秦昭王相会，遂为秦人所诱执。这种类乎平话的传说，是全不足信的，事实上，该是齐、秦合力以谋楚。然而楚怀王入秦的明年，齐人即合韩、魏以伐秦，败其兵于函谷（在今河南灵宝县西南，此为自河南入陕西的隘道的东口，今之潼关为其西口）。公元前296年，怀王死于秦，齐又合诸侯以攻秦，则齐湣王似是合秦以谋楚，又以此为秦国之罪而伐之的，其手段亦可谓狡黠了。

先是公元前314年，齐国乘燕内乱攻破燕国。宋王偃称强东方，公元前286年，又为齐、楚、魏所灭。此举名为三国瓜分，实亦是以齐为主的，地亦多入于齐。齐湣王至此时，可谓臻于极盛。然过刚者必折。公元前284年，燕昭王遂合诸侯，用乐毅为将，攻破齐国，湣王走死，齐仅存聊、莒、即墨三城（聊，今山东聊城。莒，今山东莒县。即墨，今山东平度）。后来虽借田单之力，得以复国，然已失其称霸东方的资格了。东方诸国中，赵武灵王颇有才略。他不与中原诸国争衡，而专心向边地开拓。先灭中山（今河北定州），又向今大同一带发展，意欲自此经河套之地去袭秦。公元前295年，又因内乱而死。

七国遂唯秦独强。秦人遂对诸侯施其猛烈的攻击。公元前279年，秦自起伐楚，取鄢、邓、西陵。明年，遂破楚都郢，楚东北徙都陈，后又迁居寿春（鄢，即鄢陵。邓，今河南邓州。西陵，今湖北宜昌。郢，今湖北江陵西北。吴阖庐所入之郢，尚不在江陵，但其他不可考，至此时之郢，则必在江陵，今人钱穆、童书业说皆如此），直逃到今安徽境内了。对于韩、魏，亦时加攻击。公元前260年，秦兵伐韩，取野王，上党路绝，降赵，秦大败赵兵于长平，坑降卒40万（野王，今河南沁阳。上党，今山西晋城。长平，今山西晋城高平市长平村），遂取上党，北定太原。进围邯郸，为魏公子无忌合诸国之兵所败。

公元前256年，周朝的末主赧王为秦所灭。公元前249年，又灭其所分封的东周君。公元前246年，秦始皇立。《史记·秦本纪》说，这时候，吕不韦为相国，招致宾客游士，欲以并天下。大概并吞之计，和吕不韦是很有关系的。后来吕不韦虽废死于蜀，然秦人仍守其政策不变。公元前230年，灭韩。公元前228年，灭赵。燕太子丹使荆轲刺秦王，不中，秦大发兵以攻燕。公元前226年，燕王喜奔辽东。公元前225年，秦人灭魏。公元前223年，灭楚。公元前222年，发兵攻辽东，灭燕。公元前221年，即以灭燕之兵南灭齐，而天下遂统一。

秦朝的统一，绝不全是兵力的关系。我们须注意：此时交通的便利，列国内部的发达，小国的被夷灭，郡县的渐次设立，在政治上、经济上、文化上，本有趋于统一之势，而秦人特收其成功。秦人所以能收成功之利，则（一）他地处西陲，开化较晚，风气较为诚朴。（二）三晋地狭人稠，秦地广人稀，秦人因招致三晋之民，使之任耕，而使自己之民任战。（三）又能奉行法家的政策，裁抑贵族的势力，使能尽力于农战的人民，有一个邀赏的机会。该是其最重要的原因。

魏晋南北朝之长期分裂

钱 穆

秦、汉的大一统，到东汉末而解体。从此中国分崩离析，走上衰运，历史称此时期为魏晋南北朝。

自汉献帝建安二十五年（220年），即魏文帝黄初元年。下至魏元帝咸熙二年（265年），凡四十六年而魏亡。

此下十五年，至西晋武帝太康元年（280年）吴亡，中国又归统一。

然吴亡后十年，武帝卒，不二年—晋室即乱。吴亡后三十一年，为晋怀帝永嘉五年（311年），刘曜陷洛阳，帝被虏。又五年，愍帝建兴四年（316年），刘曜陷长安，帝出降。自此西晋覆灭，中国分南、北部。

东晋南渡，自元帝至恭帝凡一百零四年。宋六十年；齐二十四年，梁五十六年，陈三十三年，共一百七十年为南朝。

北方五胡竞扰，起晋惠帝永兴元年（304年），刘渊僭号。迄宋文帝元嘉十六年，沮渠牧犍为魏所灭，即魏拓跋焘太延五年（439年）。共一百三十六年，此后北方复归统一。

元魏凡一百四十九年，而北方归其统一者先后仅九十六年，又分东、西魏。东魏十七年，西魏二十三年。继东魏者曰北齐，二十八年；继西魏者曰北周，二十五年，为北朝。

此长时期之分裂，前后凡三百九十四年。起自建安。三百九十四年中，统一政府之存在，严格言之，不到十五年。放宽言之，亦只有三十余年，不到全时期十分之一。

将本期历史与前期秦、汉相比较，前期以中央统一为常态，以分崩割据变态；本期则以中央统一为变态，而以分崩割据为常态。

南北朝的始末

吕思勉

南北朝的对立，起于公元420年宋之代晋，终于公元589年隋之灭陈，共一百七十年。其间南北的强弱，以宋文帝的北伐失败及侯景的乱梁为两个重要关键。南朝的治世，只有宋文帝和梁武帝在位时，历时较久。北方的文野，以孝文的南迁为界限，其治乱则以尔朱氏的侵入为关键。自尔朱氏、宇文氏等相继失败后，五胡之族，都力尽而衰，中国就复见盛运了。

宋文帝即位后，把参与废立之谋的徐羡之、傅亮、谢晦等都诛灭。初与其谋而后来反正的檀道济，后亦被杀。于是武帝手里的谋臣勇将，几于靡有孑遗了。历代开国之主，能够戡定大乱、抵御外患的，大抵在政治上、军事上，都有卓绝的天才，此即所谓文武兼资。而其所值的时局，难易各有不同。倘使大难能够及身戡定，则继世者但得守成之主，即可以蒙业而安。如其不然，则非更有文武兼资的人物不可。

此等人固不易多得，然人之才力，相去不远，亦不能谓并时必无其人；尤其做一番大事业的人，必有与之相辅之士。倘使政治上无家天下的习惯，开国之主，正可就其中择贤而授，此即儒家禅让的理想，国事实受其益了。无如在政治上，为国为民之义，未能彻底明了，而自封建时代相沿下来的自私其子孙，以及徒效忠于豢养自己的主人的观念，未能打破，而君主时代所谓继承之法，遂因之而立。而权利和意气，都是人所不能不争的，尤其以英雄为甚。同干一番事业的人，遂至不能互相辅助，反要互相残杀，其成功的一个人，传之于其子孙，则都是生长于富贵之中的，好者仅得中主，坏的并不免荒淫昏暴，或者懦弱无用。前人的功业，遂至付诸流水，而国与民亦受其弊。这亦不能不说是文化上的一个病态了。

宋初虽失关中，然现在的河南、山东，还是中国之地。宋武帝死后，魏人乘丧南伐，取青、兖、司、豫四州（时青州治广固，兖州治滑台，司州治虎牢，豫州治睢阳。滑台，今河南滑县。虎牢，今河南汜水县。睢阳，今河南商丘市）。此时的魏人，还是游牧民族性质，其文化殊不足观，然其新兴的剽悍之气，却亦未可轻视，而文帝失之于轻敌。公元430年，遣将北伐，魏人敛兵河北以避之，宋朝得了虎牢、滑台而不能继续进取，兵力并不足坚守。至冬，魏人大举南下，所得之地复失。文帝经营累年，至公元450年，又大举北伐。然兵皆白丁，将非材勇，甫进即退。魏太武帝反乘机南伐，至于瓜步（镇名，今江苏六合县）。所过之处，赤地无余，至于燕归巢于林木，元嘉之世，本来称为南朝富庶的时代，经此一役，就元气大伤了，而北强南弱之势，亦于是乎形成。

公元453年，宋文帝为其子劭所弑。劭弟孝武帝，定乱自立。死后，子前废帝无道，为孝武弟明帝所废。孝武帝和明帝都很猜忌，专以屠戮宗室为务。明帝死后，大权遂为萧道成所窃。荆州的沈攸之和宰相袁粲，先后谋诛之，都不克。明帝子后废帝及顺帝，都为其所废。公元479年，道成遂篡宋自立，是为齐高帝。在位四年。子武帝，在位十一年。高、武两帝，都很节俭，政治较称清明。武帝太子早卒，立大孙郁林王，为武帝兄子明帝所废。明帝大杀高、武两帝子孙。明帝死后，子东昏侯立。时梁武帝萧衍刺雍州，其兄萧懿刺豫州。梁武帝兄弟本与齐明帝同党。其时江州刺史陈显达造反，东昏侯使宿将崔慧景讨平之。慧景还兵攻帝，势甚危急，萧懿发兵入援，把他打平。东昏侯反把萧懿杀掉。又想削掉萧衍。东昏侯之弟宝融，时镇荆州，东昏侯使就其长史萧颖胄图之。颖胄奉宝融举兵，以梁武帝为前锋。兵至京城，东昏侯为其下所弑。宝融立，是为和帝。旋传位于梁。此事在公元502年。

梁武帝在位四十八年，其早年政治颇清明。自宋明帝时和北魏交兵，尽失淮北之地。齐明帝时又失沔北。东昏侯时，因豫州刺史裴叔业降魏，并失淮南（时豫州治寿阳，今安徽寿县）。梁武帝时，大破魏兵于钟离（在今安徽凤阳县），恢复了豫州之地。对外的形势，也总算稳定。然梁武性好佛法，晚年刑政殊废弛。又因太子统早卒，不立嫡孙而立次子简文帝为太子，心不自安，使统诸子出刺大郡，又使自己的儿子出刺诸郡，以与之相参。彼此乖离，已经酝酿着一个不安的形势。而北方侯景之乱，又适于此时发作。

北魏太武帝，虽因割据诸国的不振，南朝的无力恢复，侥幸占据了北方，然其根本之地，实在平城，其视中国，不过一片可以榨取利益之地而已。他还不能自视为和中国一体，所以也不再图南侵。因为其所有的，业已不易消化了。反之，平城附近，为其立国根本之地，却不可不严加维护。所以魏太武帝要出兵征伐柔然、高车，且于北边设立六镇（武川，今绥远武川县。抚冥，在武川东。怀朔，在今绥远五原县。怀荒，在今大同东北察哈尔境内。柔玄，在今察哈尔兴和县。御夷，在今察哈尔沽源县）。盛简亲贤，配以高门子弟，以厚其兵力。孝文帝是后魏一个杰出人物。他仰慕中国的文化，一意要改革旧俗。但在平城，终觉得环境不甚适宜。乃于公元493年，迁都洛阳。断北语，改姓氏，禁胡服，奖励鲜卑人和汉人通婚，自此以后，鲜卑人就渐和汉人同化了。然其根本上的毛病，即以征服民族自居，视榨取被征服民族以供享用为当然之事，因而日入于骄奢淫逸，这是不能因文明程度的增进而改变的，而且因为环境的不同，其流于骄奢淫逸更易。

论者因见历来的游牧民族同化于汉族之后，即要流于骄奢淫逸，以致失其战斗之力，以为这是中国的文明害了他，模仿了中国的文明，同时亦传染了中国的文明病。其实他们骄奢淫逸的物质条件，是中国人供给他的，骄奢淫逸的意志，却是他们所自有的；而这种意志，又是与其侵略事业同时并存的，因为他们的侵略，就是他们的生产事业。如此，所以像金世宗等，要禁止他的本族人华化，根本是不可能的。因为不华化，就是要一切生活都照旧，那等于只生产而不消费，经济学上最后的目的安在呢？所以以骄奢淫逸而灭亡，殆为野蛮的侵略民族必然的命运。后魏当日，便是如此。

孝文帝传子宣武帝至孝明帝。年幼，太后胡氏临朝。荒淫纵恣，野蛮民族的病态，悉数现出。中原之民，苦于横征暴敛，群起叛乱。而六镇将士，因南迁以后，待遇不如旧时，魏朝又怕兵力衰颓，禁其浮游在外，亦激而生变。有一个部落酋长唤作尔朱荣，起而加以镇定。尔朱氏是不曾侵入中原的部族，还保持着犷悍之风。胡太后初为其亲信元义等所囚，后和明帝合谋，把他们诛灭。又和明帝不协。明帝召尔朱荣入清君侧，已而又止之。胡太后惧，弑明帝。尔朱荣举兵入洛，杀胡太后而立孝庄帝。其部众既劲健，而其用兵亦颇有天才。中原的叛乱都给他镇定了。然其人起于塞外，缺乏政治手腕，以为只要靠兵力屠杀，就可以把人压服。当其入洛之日，就想做皇帝，乃纵兵士围杀朝士两千余人。居民惊惧，逃入山中，洛阳只剩得一座空城。尔朱荣无可如何，只得退居晋阳，遥执朝权。然其篡谋仍不息。孝庄帝无权无勇，乃利用宣传为防御的工具。

当尔朱荣篡谋急时，孝庄帝就散布他要进京的消息，百姓就逃走一空，尔朱荣只得自止。到后来，看看终非此等手段所能有济了。公元530年，乃索性召他入朝。孝庄帝自藏兵器于衣内，把他刺死。其侄儿尔朱兆，举兵弑帝，别立一君。此时尔朱氏的宗族，分居重镇，其势力如日中天。然尔朱兆是个鲁莽之夫，其宗族中人，亦与之不协。公元532年，其将高欢起兵和尔朱氏相抗。两军相遇于韩陵（山名，在今河南省安阳市），论兵力，尔朱氏远过于高欢，然因其暴虐过甚，高欢手下的人都齐心死战，而尔朱氏却心力不齐，遂至大败。晋阳失陷，尔朱兆逃至秀容川（在今山西省朔州市），为高欢所掩杀。其余尔朱氏诸人亦都被扑灭。

高欢入洛，废尔朱氏所立，而别立孝武帝。高欢身居晋阳，继承了尔朱荣的地位。孝武帝用贺拔岳为关中大行台，图与高欢相抗。高欢使其党秦州刺史侯莫陈悦杀岳（秦州，今甘肃省天水市）。夏州刺史宇文泰攻杀悦（夏州，今陕西省横山县），孝武帝即以泰继岳之任。公元534年，孝武帝举兵讨欢，高欢亦自晋阳南下，夹河而军，孝武帝不敢战，奔关中，为宇文泰所弑。于是高欢、宇文泰，各立一君，魏遂分为东西。至公元550年，而东魏为高欢子洋所篡，是为北齐文宣帝。公元557年，西魏为宇文泰之子觉所篡，是为北周孝闵帝。

当东西魏分裂后，高欢、宇文泰曾剧战十余年，彼此都不能逞志，而其患顾中于梁。这时候，北方承剧战之后，兵力颇强，而南方武备久废弛，欲谋恢复，实非其时，而梁武帝年老昏耄，却想乘机侥幸，其祸就不可免了。高欢以公元547年死。其将侯景，是专管河南的。虽然野蛮粗鲁，在是时北方诸将中，已经算是狡黠的了。高欢死后，其子高澄，嗣为魏相。侯景不服，遂举其所管之地来降。梁武帝使子渊明往援。为魏所败，渊明被擒。侯景逃入梁境，袭据寿阳。梁朝不能制。旋又中魏人反间之计，想牺牲侯景，与魏言和。侯景遂反，进陷台城（南朝之宫城），梁武帝忧愤而崩。时为公元549年。子简文帝立。公元551年，为侯景所弑。武帝子湘东王绎即位于江陵，是为元帝。

时陈武帝陈霸先自岭南起兵勤王。元帝使其与王僧辩分道东下，把侯景诛灭。先是元帝与诸王互相攻击。郢州的邵陵王纶（郢州，今湖北省武汉市。纶，武帝子），湘州的河东王誉（誉，誉皆昭明太子统之子），皆为所并。襄阳的岳阳王詧则因求救于西魏而得免。至元帝即位后，武陵王纪亦称帝于成都（纪，武帝子），举兵东下。元帝亦求救于西魏，西魏袭陷成都。武陵王前后受敌，遂败死。而元帝又与西魏失和。公元554年，西魏陷江陵，元帝被害。魏人徙岳阳王詧于江陵，使之称帝，而对魏则称臣，是为西梁。王僧辩、陈霸先立元帝之子方智于建康，是为敬帝。而北齐又送渊明回国。王僧辩战败，遂迎立之。陈霸先讨杀僧辩，奉敬帝复位。公元557年，遂禅位于陈。这时候，梁朝骨肉相残，各引异族为助，南朝几至不国。幸得陈武帝智勇足备，卓然不屈，才得替汉族保存了江南之地。

陈武帝即位后三年而崩。无子，传兄子文帝。文帝死后，弟宣帝，废其子废帝而代之。文、宣两帝，亦可称中主，但南方当丧乱之余，内部又多反侧，所以不能自振。北方则北齐文宣、武成两帝，均极荒淫。武成帝之子纬，尤为奢纵。而北周武帝，颇能励精图治。至公元577年，齐遂为周所灭。明年，武帝死，子宣帝立，又荒淫。传位于子静帝，大权遂入后父杨坚之手。公元581年，坚废静帝自立，是为隋文帝。高齐虽自称是汉族，然其性质实在是胡化了的。隋文帝则勤政恤民，俭于自奉，的确是代表了汉族的文化。自西晋覆亡以来，北方至此才复建立汉人统一的政权。此时南方的陈后主，亦极荒淫。公元589年，为隋所灭，西梁则前两年已被灭，天下复见统一。

两晋、南北朝之世，向来是被看作黑暗时代的，其实亦不尽然。这一时代只政治上稍形黑暗，社会的文化，还是依然如故。而且正因时局的动荡，而文化乃得为更大的发展。其中关系最大的，便是黄河流域文明程度最高的地方的民族，分别向各方面迁移。

《汉书·地理志》叙述楚地的生活情形，还说江南之俗，火耕水耨，果蓏蠃蛤，饮食还足，是故呰窳媮生而无积聚。而《宋书·孔季恭传》叙述荆、扬两州的富力，却是"膏腴上地，亩直一金，鄠、杜之间不能比"（鄠，今陕西鄠县，杜，在今陕西长安县南，汉时农业盛地价高之处）。又说："鱼、盐、杞、梓之利，充仞八方，丝棉、布帛之饶，覆衣天下。"成为全国富力的中心了。

三国之世，南方的风气，还是很剽悍的。而自东晋以来，此种风气，亦潜移默化。谈玄学佛成为全国文化的重心。这是最彰明较著的。其他东北至辽东，西南至交趾，莫不有中原民族的足迹，其有裨于增进当地的文化，亦决非浅鲜，不过不如长江流域的显著罢了。还有一层。陶潜的《桃花源记》，大家当他是预言，其实这怕是实事。自东汉之末，至于南北朝之世，北方有所谓山胡，南方有所谓山越。听了胡、越之名，似乎是异族蛰居山地的，其实不然。试看他们一旦出山，便可和齐民杂居，服兵役，输赋税，绝无隔阂，便可知其实非异族，而系汉族避乱入山的。此等避乱入山的异族，为数既众，历时又久，山地为所开辟，异族为所同化的，不知凡几，真是拓殖史上的无名英雄了。

以五胡论：固然有荒淫暴虐如石虎、齐文宣、武成之流的，实亦以能服从汉族文化的居其多数。石勒在兵戈之际，已颇能引用士人，改良政治。苻坚更不必说。慕容氏兴于边徼，亦是能慕效中国的文明的。至北魏孝文帝，则已举其族而自化于汉族。北周用卢辩、苏绰，创立法制，且有为隋、唐所沿袭的。这时候的异族，除血统之外，几乎已经说不出其和汉族的异点了。一到隋、唐时代，而所谓五胡，便已泯然无迹，良非偶然。

隋朝和唐的盛世

吕思勉

北朝的君主，有荒淫暴虐的，也有能励精图治的，前一种代表了胡风，后一种代表了汉化。隋文帝是十足的后一种的典型。他勤于政事，又能躬行节俭。在位时，把北朝的苛捐杂税都除掉，而府库充实，仓储到处丰盈，国计的宽余，实为历代所未有。

突厥狃于南北朝末年的积习，求索无厌。中国不能满其欲，则拥护高齐的遗族和中国为难。文帝决然定计征伐，大破其兵。又离间其西方的达头可汗和其大可汗沙钵略构衅，突厥由是分为东、西。文帝又以宗女妻其东方的突利可汗。其大可汗都蓝怒，攻突利。突利逃奔中国，中国处之夏、胜二州之间（夏州，在今陕西横山县北。胜州，在今绥远鄂尔多斯左翼后旗黄河西岸），赐号为启民可汗。都蓝死，启民因隋援，尽有其众，臣服于隋。从南北朝末期以来畏服北狄的心理，至此一变。

隋文帝时代，中国政局，确是好转了的。但是文化不能一时急转，所以还不能没有一些曲折。隋文帝的太子勇，是具有胡化的性质的。其次子炀帝，却又具有南朝君主荒淫猜忌的性质。太子因失欢于文帝后独孤氏被废。炀帝立，以洛阳为东都。开通济渠，使其连接邗沟及江南河。帝乘龙舟，往来于洛阳、江都之间。又使裴矩招致西域诸胡，所过之地，都要大营供帐。又诱西突厥献地，设立西海、河源、鄯善、且末四郡（西海郡，当系青海附近之地。河源郡该在其西南。鄯善、且末，皆汉时西域国名，郡当设于其故地。鄯善国在今罗布泊之南。且末国在车尔成河上），谪罪人以实之。又于公元611年、613年、614年，三次发兵伐高句丽，天下骚动，乱者四起。炀帝见中原已乱，无心北归，滞留江都，公元618年，为其下所弑。

其时北方的群雄，以河北的窦建德、河南的李密为最大。而唐高祖李渊，以太原留守，于公元617年起兵，西据关中，又平定河西、陇右，形势最为完固。炀帝死后，其将王世充拥众北归，据洛阳。李密为其所败，降唐。又出关谋叛，为唐将所击斩。唐兵围洛阳，窦建德来救，唐兵大败擒之，世充亦降。南方割据的，以江陵的萧铣为最大，亦为唐所灭。江、淮之间，有陈稜、李子通、沈法兴、杜伏威等，纷纷而起，后皆并于杜伏威，伏威降唐。北边群雄依附突厥的，亦次第破灭。隋亡后约十年，而天下复定。

唐朝自称为西凉李暠之后，近人亦有疑其为胡族的，信否可不必论，民族的特征，乃文化而非血统。唐朝除太宗太子承乾具有胡化的性质，因和此时的文化不相容而被废外，其余指不出一些胡化的性质来，其当认为汉民族无疑了。唐朝开国之君虽为高祖，然其事业，实在大部分是太宗做的。天下既定之后，其哥哥太子李建成和兄弟齐王李元吉，想要谋害他，为太宗所杀。高祖传位于太宗，遂开出公元627年至公元649年的二十三年间的"贞观之治"。历史上记载他的治绩，至于行千里者不赍粮，断死刑岁仅三十九人，这固然是粉饰之谈，然其时天下有丰乐之实，则必不诬的了。隋唐时的制度，如官制、选举、赋税、兵、刑等，亦都能将前代的制度加以整理。

对外的情势，此时亦开一新纪元。突厥因隋末之乱，复强盛，控弦之士至百万。北边崛起的群雄，都尊奉他，唐高祖初起时亦然，突厥益骄。天下既定，赠遗不能满其欲，就连年入寇，甚至一年三四入，北边几千里，无处不被其患。太宗因其饥馑和属部的离叛，于公元630年，发兵袭击，擒其颉利可汗。突厥的强盛，本来是靠铁勒归附的。此时铁勒诸部，以薛延陀、回纥为最强。突厥既亡，薛延陀继居其地。公元644年，太宗又乘其内乱加以剪灭。回纥徙居其地，事中国颇谨。在西域，则太宗曾用兵于高昌及焉耆、龟兹，以龟兹、于阗、焉耆、疏勒之地为四镇。在西南，则绥服了今青海地方的吐谷浑。

西藏之地，隋时始有女国和中国往来。唐时有一个部落，其先该是从印度迁徙到雅鲁藏布江流域的，是为吐蕃。其英主弃宗弄赞（号为松赞干布），太宗时始和中国交通，尚宗女文成公主，开西藏佛化的先声。

太宗又通使于印度。适值其内乱，使者王玄策调吐蕃和泥婆罗的兵，把他打败。而南方海路交通，所至亦甚广。只有高句丽，太宗自将大兵去伐他，仍未能有功。此乃因自晋以来，东北过于空虚，劳师远攻不易之故。直至公元663年、668年两年，高宗才乘其内乱，把百济和高句丽先后灭掉。

突厥西方的疆域，本来是很广的。其最西的可萨部，已和东罗马相接了。高宗亦因其内乱，把它戡定。分置两个都督府。其所辖的羁縻府、州，西至波斯。唐朝对外的声威，至此可谓达于最高峰了。

因国威之遐畅，而我国的文化和别国的文化，就起了交流互织的作用。东北一隅，自高句丽、百济平后，新罗即大注意于增进文化。日本亦屡遣通唐使，带了许多僧侣和留学生来。朝鲜半岛南部和日本的举国华文化，实在此时。其余波且及于满族。公元7世纪末年，遂有渤海国的建立，一切制度都以中国为模范。南方虽是佛化盛行之地，然安南在此时，仍为中国的郡县，替中国在南方留了一个文化的据点。

西方则大食帝国勃兴于此时。其疆域东至葱岭。大食在文化上实在是继承希腊，而为欧洲近世的再兴导其先路的。中国和大食，政治上无甚接触，而在文化上则彼此颇有关系。回教的经典和历数等知识，都早已经输入中国。就是末（摩）尼教和基督教，也是受了回教的压迫，才传播到东方来的。而称为欧洲近世文明之源的印刷术、罗盘针、火药，亦都经中国人直接传入回教国，再经回教国人之手，传入欧洲。

宋朝的开国和开国规模

张荫麟

一

后周世宗以三十四岁的英年,抱着统一中国的雄心,而即帝位。他即位不到一个月,北汉主刘崇联合契丹入寇,他便要去亲征。做了四朝元老的"长乐老"冯道极力谏阻。世宗说:"从前唐太宗创业,不是常常亲征的吗?我怕什么?"冯道却说:"唐太宗是不可轻易学的。"世宗又说:"刘崇乌合之众,王师一加,便好比泰山压卵。"冯道却怀疑道:"不知道陛下做得泰山么?"世宗看他的老面,不便发作,只不理睬,径自决定亲征。

周军在高平(即今山西省高平市)遇到敌人。两军才开始交锋,周军的右翼不战而遁,左翼亦受牵动,眼见全军就要瓦解。世宗亲自骑马赶上前线督战,并且领队冲锋,周军因而复振,反把敌军击溃,杀到僵尸弃甲满填山谷。在凯旋道中,世宗齐集将校,大摆筵席来庆祝,那些临阵先逃的将校也行无所事地在座。

世宗突然声数他们的罪状，喝令他们跪下受刑。说着，壮士们便动手，把七十多个将校霎时斩讫，然后论功行赏。接着他率军乘胜直取太原，却无功而还。

经这一役，世宗深深感觉到他的军队的不健全。回到汴京后不久，便着手整军。这里我们应当略述后周的军制。像唐末以来一般，这时州郡兵为藩镇所私有，皇室不能调遣。皇室所有的军队即所谓禁军。禁军分为两部：一、殿前军；二、侍卫亲军。两部以上，不置总帅。侍卫亲军虽名为亲，其实比较和皇帝近的却是殿前军。侍卫亲军分马、步两军，而殿前军则无这样的分别；大约前者是量多于后者，而后者则质优于前者。世宗一方面改编全部禁军，汰弱留强；一方面则向国内各地招募豪杰，不拘良民或草寇，以充实禁军，他把应募的召集到阙下，亲自试阅，挑选武艺特别出众、身材特别魁伟的，都拨入殿前军。

世宗不独具有军事的天才，也具有政治的头脑。他奖励垦荒，均定田赋；他曾为经济的理由，废除国内大部分的寺院，并迫令大部分的僧道还俗。他以雷霆的威力推行他的政令；虽贤能有功的人也每因小过而被戮，但他并不师心自用。他在即位次年的《求言诏》中甚至有这样的反省："自临宸极，已过周星。至于刑政取舍之间，国家措置之事，岂能尽是？须有未周。朕犹自知，人岂不察？而在位者未有一人指朕躬之过失，食禄者曾无一言论时政之是非！"他又曾令近臣二十余人，各作《为君难为臣不易论》一篇和《平边策》一篇，供他省览。

"平边"是他一生的大愿。可惜他的平边事业只做到南取南唐的淮南江北之地，西取后蜀的秦、凤、阶、成四州，北从契丹收复瀛、莫二州，便赍志而殁，在位还不到六年，遗下两个七岁以下的幼儿和臣下对他威过于恩的感想。

世宗死于显德六年（959年）六月，在临死的一星期内，他把朝内外重要的文武职官，大加更动。更动的经过，这里不必详述。单讲他对禁军的措置。殿前军的最高长官是正副都点检；其次是都指挥使。侍卫亲军的最高长官是正副都指挥使；其次是都虞侯。世宗对禁军要职的最后"人事异动"，最可注意的是张永德的解除兵柄和赵匡胤的超擢。

张永德是周太祖的驸马（世宗是周太祖的内侄兼养子），智勇善战，声望久隆，显然世宗不放心他。赵匡胤是洛阳人，与其父弘殷俱出身投军校，在周太祖时，已同隶禁军。高平之役，赵匡胤始露头角，旋拜殿前都虞侯。其后二年，以从征淮南功，始开殿前都指挥使。他虽然年纪略长于张永德（世宗死时匡胤三十四岁），勋望却远在张永德之下。但他至少有以下的几件事，给世宗很深的印象。

他从征淮南时，有一次驻兵某城，半夜，他的父亲率兵来到城下，传令开城。他说"父子固然是至亲，但城门的启闭乃是王事"。一直让他父亲等到天亮。从征淮南后，有人告他偷运了几车财宝回来，世宗派人去检查，打开箱笼，尽是书籍，一共有几千卷，此外更无他物。原来他为人沉默寡言，嗜好淡薄，只是爱书，在军中是时常手不释卷的。南唐对后周称臣讲好后，想离间世宗对他的信任，尝派人送他白银三千两，他全数缴呈内府。从殿前都点检的破格超升，可见在这"易君如置棋"的时代，世宗替他身后的七岁幼儿打算，认为在军界中再没有比赵匡胤更忠实可靠的人了。

二

世宗死后半年,在显德七年(960年)的元旦,朝廷忽然接到北边的奏报,说北汉又联合契丹入寇。怎样应付呢?禁军的四巨头中,李重进(侍卫都指挥使,周太祖的外甥)是时已领兵出镇扬州;绰号"韩瞠眼"的韩通(侍卫副都指挥使)虽然对皇室特别忠勤,却是一个毫无智谋的老粗,难以独当一面。宰相范质等不假思索,便决定派赵匡胤和慕容延钊(副都点检)出去御敌。

初二日,慕容延钊领前锋先行。是日,都城中突然喧传明天大军出发的时候,就要册立赵点检做天子。但有智识的人多认为这是无根的谣言。先前也有人上书给范质说赵匡胤不稳,要加提防;韩通的儿子,绰号韩橐驼的,也劝乃父及早设法把赵匡胤除掉。但是他做都点检才半年,毫无不臣的痕迹,谁能以小人之心度君子之腹呢?但这一天不知从何而来的关于他的谣言,却布遍了都城,有钱的人家纷纷搬运细软,出城躲避。他们怕什么,稍为年长的人都记得:恰恰十年前,也是北边奏报契丹入寇,也是派兵出征。约莫一个月后,出征的军队掉头回来,统兵的人就做了皇帝(即周太祖),他给部下放了三天假,整个都城几乎被抢掠一空。现在旧戏又要重演了吧?

初三日,赵匡胤领大军出发。城中安然无事,谣言平息。

初四日上午,出发的军队竟回城了!谣言竟成事实了!据说队伍到了陈桥,当天晚上军士忽然哗变,非要赵点检做天子不可，他只得将就。但出乎大家意料，这回军士却严守秩序，秋毫无犯。在整个变局中，都城里只发生过一次小小的暴行。是日早朝还未散，韩通在内庭闻变，仓皇奔跑回家，打算调兵抵抗，半路给一个军校追逐着，才到家，来不及关门便被杀死，那军校把他全家也屠杀了。都城中已没有赵匡胤的敌人了。一切仪文从略。是日傍晚，赵匡胤即皇帝位。因为他曾领过宋州节度使的职衔，定国号为宋，他便是宋太祖。

在外的后周将帅中，不附宋太祖的，唯有镇守扬州一带的李重进和镇守潞州一带的李筠。四月，李筠结合北汉（占今山西全省除东南隅及雁门关以北）首先发难。李重进闻讯，派人去和他联络，准备响应。那位使人却偷到汴京，把扬州方面的虚实告诉了宋太祖，并受了密旨，回去力劝重进不可轻举。李重进听信了他，按兵不动。

北汉和后周原是死对头，而李筠口口声声忠于后周，双方貌合神离。他又不肯用谋士的计策：急于乘虚西出怀孟，占领洛阳为根据，以争天下；却困守一隅，坐待挨打；结果，不到三个月，兵败城破，赴火而死。九月，李重进在进退两难的情势下勉强起兵。他求援于南唐，南唐反而把他的请求报告宋朝。他还未发动，亲信已有逃城归宋的。他在狐疑中，不问皂白，把三十多个将校一起杀掉。三个月内，扬州也陷落，他举家自焚而死。

三

宋太祖既统一了后周的领土，进一步便着手统一中国。是时在中国境内割据自主的区域，除宋以外大小有八，兹按其后来归入宋朝的次序，列表如下：

区域	今地	统治者名义	入宋年
荆南	湖北江陵以西及四川峡道	宋荆南节度使	963年
湖南	略当湖南省	宋武平节度使	963年
蜀	四川省除峡道	称帝	965年
南汉	两广全部及湖南一部分	称帝	966年
南唐	苏皖的长江以南区、湖北东南部（包武昌）、江西全部及福建西部	称唐主奉宋正朔	975年
闽南	福建漳泉一带	唐清源节度使	978年
吴越	浙江全部、福建东北部及江苏松区	称吴越王奉宋正朔	978年
北汉	山西全省除东南隅及雁门关以北	称帝	978年

太祖的统一工作，大致上遵守"图难于其易"的原则。荆南、湖南皆地狭兵寡，不足以抗拒北朝，过去只因中原多故，或因北朝把它们置作后图，所以暂得苟全。太祖却先向它们下手。他乘湖南内乱，遣军假道荆南去讨伐，宋军既到了荆南，却先把它灭掉，然后下湖南，既定两湖，便西溯长江，南下阁道，两路取蜀，蜀主孟昶是一纨绔少年，他的溺器也用七宝装成。他的命运，可用他的一个爱妃（花蕊夫人）的一首诗来交代：

君王城上竖降旗，妾在深宫那得知！
十四万人齐解甲，宁无一个是男儿？

这些解甲的军士中，至少有二万七千被屠，而宋兵入蜀的只有三万。

次取南汉。南汉主刘鋹比孟昶更糟，是一变态的糊涂虫，成日家只在后宫同波斯女之类胡缠。国事委托给宦官，仅有的一二忠臣良将，因随便的几句谗言，便重则族诛，轻则赐死。他最后的办法是把珍宝和妃嫔载入巨舶，准备浮海。这些巨舶却给宦官盗走，他只得素衣白马，叩首乞降。

次合吴越夹攻南唐。南唐主李煜是一绝世的艺术天才。在中国文学史中，五代是词的时代，而李煜（即李后主）的词，凄清婉丽，纯粹自然，为五代冠。读者在任何词的选本中都可以碰到他的作品。他不独爱文学，也爱音乐、书画，以及其他一切雅玩；也爱佛理，更爱女人。在一切这些爱好的沉溺中，军事政治任务的照顾只是他的余力之余了。他遇着宋太祖，正是秀才遇着兵，其命运无待龟蓍。以下是他在被俘入汴途中所作的词：

帘外雨潺潺，春意阑珊。罗衾不耐五更寒。梦里不知身是客，一晌贪欢。

独自莫凭栏！无限江山，别时容易见时难。流水落花春去也，天上人间！

和李煜的文雅相称，宋军在南唐也最文明，至少在它的都城（今南京）是如此。"曹彬下江南，不妄杀一人"，历史上传为美谈。但江州城（今九江）为李煜坚守不降，后来陷落，全城被屠，横尸三万七千。

南唐亡后次年，太祖便死，寿仅五十，遗下吴越、闽南和北汉的收拾工作给他的继承者，他的胞弟赵匡义，即宋太宗。吴越王钱俶一向以对宋的恭顺和贿赂作他的地位的保障。南唐亡后，他亲自入朝。临归太祖交给他一个黄包袱，嘱咐他，在路上拆看。及拆阅，尽是群臣请扣留他的奏章。他为之感激涕零。太宗即位后，他又来朝，适值闽南的割据者自动把土地献纳，他恐惧，上表，请除去王号和其他种种优礼，同时求归。这回却归不得了！他只得按照闽南的办法，也把土地献纳。

最后，宋朝可以用全副精神和全部力量图谋北汉了。北汉地域虽小，却是一个顽敌，因它背后有契丹的支持。自从太祖即位以来，它曾屡次东侵，太祖也曾屡次加以讨伐——有二次兵临太原（北汉都城）城下，其中一次太祖并且亲征。但太祖终于把它放过了。太祖是有意暂时放过它的。他有这样的考虑：北汉北接契丹，西接西夏；北汉本身并不怎样可怕，它存在，还可以替宋朝作西北的缓冲；它若亡，宋朝和这两大敌的接触面便大大增加，那是国防上一个难题。但这难题可暂避而不能终免。

吴越归地后不到一年，太宗便大举亲征北汉。契丹照例派兵去救。前军到达白马岭（今山西盂县东北）与宋军只隔一涧。主帅主张等后军到齐然后决战，监军却要尽先急击，主帅拗不过他，结果契丹军渡涧未半，为宋军所乘，大溃，监军及五将战死，士卒死伤无算。宋军进围太原城。

在统一事业中，这是九仞为山的最后一篑之功了。军士冒犯矢石，奋勇争先地登城，甚至使太宗怕死伤过多，传令缓进。半月，城陷，北汉主出降。太宗下令毁太原城，尽迁其居民于榆次，军士放火烧城，老幼奔赴城门不及，烧死了许多（唐、五代之太原在今太原西南三十里，太宗毁太原城后，移其州治，即今省会太原）。

四

太祖太宗两朝对五代制度的因革损益，兹分三项述之如下：（一）军制与国防，（二）官制与科举，（三）国计与民生。

五代是军阀的世界。在稍大的割据区域内，又分为许多小割据区，即"节度使"的管区。节度使在其管区内尽揽兵、财、刑、政的大权，读者从不久以前四川"防区"的情形，便可以推想五代的情形，太祖一方面把地方兵即所谓厢兵的精锐，尽量选送到京师，以充禁军；又令厢兵此后停止教练。这一来厢兵便有兵之名无兵之实了。

厢兵的编制是每一指挥使管四五百人；每大州有指挥使十余员，次六七员，又次三四员；每州有一马步军都指挥使，总领本州的厢兵，而直隶于中央的侍卫司，即侍卫亲军的统率处。另一方面，太祖把节度使的行政权和财权，逐渐移归以文臣充任的州县官。这一来"节度使"在宋朝便成为一种荣誉的空衔了。

禁军的组织。大体上仍后周之旧，唯殿前正副都点检二职经太祖废除；殿前和侍卫的正副都指挥使在太宗时亦缺而不置，后沿为例，因此侍卫军的马、步两军无所统属而与殿前军鼎立，宋人合称之为"三衙"。禁军的数目太祖时约有二十万，太宗时增至三十六万。禁军约有一半驻屯京城及其附近，其余一半则分戍边境和内地的若干重镇。其一半在内而集中，另一半在外而分散；这样，内力永远可以制外，而尾大不掉的局面便无法造成了。

太祖又创"更戍法"：外戍各地的禁军，每一或二年更调一次，这一来，禁军可以常常练习行军的劳苦而免怠惰；同时镇守各地的统帅不随戍兵而更动。因此"兵无常帅，帅无常师"，军队便无法成为将官的私有了。

厢军和禁军都是雇佣的军队。为防止兵士逃走，他们脸上都刺着字。此制创自后梁，通行于五代，而宋朝因之。兵士大多数是有家室的。厢兵的饷给较薄，不够他们养家，故多营他业。禁兵的饷给较优，大抵勉强可够养家。

据后来仁宗庆历间（1041—1048 年）一位财政大臣（张方平）的报告，禁军的饷给："通人员长行（长行大约是佚役之类）用中等例（禁军分等级，各等级的饷类不同）：每人约料钱（每月）五百，月粮两石五斗，春、冬衣绢六匹，绵十二两，随衣钱三千。……准例（实发）六折。"另外每三年南郊，大赏一次，禁兵均每人可得十五千左右。除厢、禁军外，在河北、河东（今山西）及陕西等边地，又有由农家壮丁组成的民兵；平时农隙受军事训练，有事时以助守御，而不支官饷。

这里我们应当涉及一个和军制有关的问题，即首都位置的问题。宋都汴梁在一大平原中间，四边全无险阻可资屏蔽，这是战略上很不利的地形。太祖曾打算西迁洛阳，后来的谋臣也每以这首都的地位为虑。为什么迁都之议始终没有实行，一直到了金人第一次兵临汴梁城下之后，宋帝仍死守这地方，等金人第二次到来，而束手就缚呢？

我们若从宋朝军制的根本原则，从主要外敌的所在，从经济地理的形势各方面着想，便知道宋都有不能离开汴梁的理由。

第一，在重内轻外的原则下，禁军的一半以上和禁军家属的大部分集中在京畿，因此军粮的供应和储蓄为一大问题。随着禁军数量的增加，后来中央政府所需要于外给的漕粮，每年增至六七百万石，而京畿的民食犹不在内。在这样情形下，并在当时运输能力的限制下，政治的重心非和现成的经济的重心合一不可。自从唐末以来，一方面因为政治势力由西而东移；一方面因为关中叠经大乱的摧毁和水利交通的失理，汉唐盛时关中盆地的经济繁荣和人口密度也移于"华北平原"。汴梁正是这大平原的交通枢纽，经唐、五代以来的经营，连渠四达，又有大运河以通长江。宋朝统一后交通上的人为限制扫除，它便随着成为全国的经济中心了。

第二，宋朝的主要外敌在东北，它的边防重地是中山（今河北省定州市）、河间、太原三镇，而在重内轻外的原则下，平时兵力只能集中在京畿，而不能集在其他任何地点。因此，都城非建筑在接近边防重镇且便于策应边防重镇的地点不可。汴梁正适合这条件。

五

中央政府的组织，大体上沿袭后周。唐代三省和御史台的躯壳仍然保存，但三省的大部分重要职权，或实际上废除，如门下省的封驳（封谓封还诏书，暂不行下；驳谓驳正台议），或移到以下几个另外添设的机关：

（一）枢密院（创始于后唐）掌军政，与宰相（即"同中书门下平章事"）所主的政事堂对立，并在禁中，合称二府。院的长官（或称枢密使，或知枢密院事，或签书枢密院事）的地位也与宰相抗衡。

（二）三司使司（创始于后唐）掌财政，三司使下辖盐铁、度支和户部三使，宋初以参加政事（即副宰相，太祖时创置）或宰相兼领，后置专使。

（三）审官院（不知创于何时，后分为审官东院与流内铨）掌中下级文官的铨选，其上级文官的铨选则归中书省。

（四）三班院（不知创于何时，后分为审官西院与三班院）掌中下级武官的铨选，其上级武官的铨选则归枢密院。

（五）审刑院（始创于太宗时）主复核刑部奏上的重案。枢密院分宰相及兵部之权，三司便分户部之权，审官院分吏部之权，三班院再分兵部之权，审刑院分刑部之权。

地方行政的区域有三级，自下而上是：（一）县；（二）府、州、军、监、通称为郡；（三）路。在郡的四类中，府是经济上或军事上最重要的区域，其数目最少，其面积却最大；通常州所管辖的县数较府为少；军次之，至多只三县，少则一县；监则尽皆只占一县；设监的地方必定是矿冶工业或国家铸钱工厂等所在的地方，监的长官兼管这些工业的课税和工厂的事务。宋初在郡县制度上有两项重要的变革。

一是郡设通判（大郡二员，小郡一员，不满万户的郡不设），以为郡长官的副贰；郡长官的命令需要他副署方能生效；同时他可以向皇帝上奏，报告本郡官吏的良劣和职事的修废。因为通判的权柄这样大，郡的长官就很不好做。宋人有一传为话柄的故事如下：有一杭州人，极好食蟹；他做京朝官做腻了，请求外放州官（宋朝京官得请求外放并且指明所要的郡县，）有人问他要那一州。他说我要有蟹食而没有通判的任何一州。

二是县尉（县尉制始于汉朝）的恢复。在五代，每县盗贼的缉捕和有关的案件，由驻镇军校管理，县政府无从过问，宋初把这职权归还县政府，复设县尉以司之。路的划分在宋代几经更改，这里不必详述。太宗完成统一后将全国分为十路，其后陆续于各路设一转运使，除总领本路财赋外，并得考核官吏，纠察刑狱，兴利除弊；实于一路之事无所不管。后来到真宗（太宗子）时，觉得转运使的权太大，不放心，又于每路设一提点刑狱司，将转运使纠察刑狱之权移付之。宋人称转运使司为漕司，提点刑狱司为监司。

宋在变法以前的科举制度，大体上沿袭唐朝进士科独尊以后的规模。但有以下的更革：

（一）唐朝每年一举进士，每举以一二十人为常，至多不过三四十人；宋朝每四年一举进士，在太宗时每举常一二百人，后来有多至五六百人的。

（二）唐朝进士考试不弥封，不糊名，考官亦不专凭试卷去取，而可以参考举子平日的声誉。因此举子在考试之前，照例把自己的诗赋或其他著作向权要投献，望他们赏识、延誉，以致推荐。宋朝自真宗（一说太宗）时，定糊名制以后，试官于举子只能凭试卷去取了。

（三）唐朝进士经礼部录取后，即算及第。宋朝则礼部录取后，还要到殿庭复试，由皇帝亲自出题，这叫作"殿试"。及第与否和及第的等次，是在殿试决定的（仁宗某年以后，殿试只定等次，不关去取）。

（四）唐朝进士及第后，如想出仕，还要经吏部再定期考选。"吏部之选，十不及一"，因此许多及第的进士等到头白也得不到一官。宋朝的进士，一经及第，即行授职，名次高的可以得到通判、知县或其他同等级官职。

（五）宋朝特定宗室不得参与科试。

从上面所述科举制度的更革，已可以看出宋朝对士大夫的特别优待。但宋朝士大夫所受的优待还不止此。像"官户"免役、免税及中上级官吏"任子"（子孙不经"选举"，特准宦仕）的特权，固然沿自前代（汉代），但宋朝官吏"任子"的权利特别大。台省官六品以上，他官五品以上，每三年南郊大礼时，都有一次"任子"的机会，每次品级最低的荫子或孙一人；品级最高的可荫六人，不拘宗人、外戚、门客，以至"医人"（家庭医生）。

此外大臣致仕时有"致仕恩泽"可荫若干人，死后有"遗表恩泽"可荫若干人。因为科举名额之多，仕途限制之宽和恩荫之广，宋朝的闲职冗官特别多，且日增无已，到后来官俸的供给竟成为财政上的大问题了。

更有一由小可以见大的优待士大夫的制度，太祖于每州创立一"公使馆"专以款待旅行中的士大夫。据一个曾受其惠的人的记录："公使库……遇过客（自然不是寻常的过客）必馆置供馈……使人无旅寓之叹。此盖古人传食诸侯之义。下至吏卒（随从）批支口食之类，以济其乏食。承平时，士大夫造朝，不赍粮，节用者犹有余以还家。归途礼数如前，但少损。"

太祖还有一个远更重大的优待士大夫的立法。他在太庙藏一传诸子孙的密约："誓不杀大臣及言事官。"规定以后每一皇帝于即位之前，在庄重的仪式下，独自开阅这誓约。这誓约对宋代政治的影响，读者以后将会看到。

六

宋初财政收入的详细节目太过烦琐，这里不能尽述，举其重要的如下：

（一）"两税"（分夏、秋两季征纳的田赋和资产税）沿唐旧制，而大致仍五代加重的额数，约为唐代的六倍。其中田赋一项，通常每亩产谷十五石而抽一斗（依当时度量），但因为逃税的结果（上官册的田只占实垦田实额约十分之三），大多数豪强或显达田主实纳的田赋远较上设的比率为轻。（二）政府专卖的物品，除沿自唐季的盐、茶、酒，沿自五代的矾外，又有自外海输入的香料。此外，苛税之沿自五代的有（三）通过税（即近代的厘金），每关抽货价的百分之二（现款亦照抽）；又有（四）身丁钱，即人头税。此税只行于江淮以南，迄于闽广（四川除外），因为五代以来本是如此。这种税的负担，加上别的原因，使得这区域的贫民无法维持他们所不能不继续孳生的人口，因而盛行杀婴的习俗。宋朝大文豪苏东坡于这习俗有一段很深刻的描写。他写给一位鄂州知州的一封信道：

昨……王殿直天麟见过……言鄂岳间田野小人，例只养二男一女。过此，辄死之。尤讳养女。……辄以冷水浸杀之。其父母亦不忍，率常闭目背面，以手按之盆中，咿嘤良久及死。……天麟每闻其侧近有此，辄驰救之，量与衣服饮食，全活者非一。……鄂人有秦光亨者，今已及第，为安州司法。方其在母也，其舅陈遵梦一小儿挽其衣，若有所诉。比两夕辄见之，其状甚急。遵独念其姊有娠将产，而意不乐多子。岂其应是乎？驰往省之，则儿已在水盆中矣。救之得免。

这是宋朝的黄金时代的一斑。

人民除赋税的负担外，还有差役的负担。差役有四种：一是押运官物，二是督征赋税，三是逐捕盗贼，四是在州县衙门供使唤或管杂务。民户分九等，上四等服役，下五等免役。押运（即所谓衙前）和督赋（即所谓里正），最是苦差，当者要负赔偿损失的责任，每至倾家荡产，并且坐牢。宋朝名将韩琦当知并州时，在一封论及役法的奏疏里有这样的描写：

州县生民之苦，无重于里正衙前。自兵兴以来，残剥尤甚，至有孀母改嫁，亲族分居。或弃田与人，以免上等。或非命求死，以就单丁。规图百端，苟脱沟壑之患。

这是宋朝的黄金时代的又一斑。

在五代，一方面军阀横行，一方面豪强的兼并也变本加厉。军阀是给太祖兄弟以和平的手段解决了，但豪强的兼并并不妨碍他们的政权，所以他们也熟视无睹。宋初豪强兼并的程度有下列几事为证：

（一）在太宗淳化四年至至道元年（993—995年）间，四川成都附近发生一次贫民（也许大部分是农民）的大暴动。他们的领袖李顺的口号，据宋朝国史的记载是"吾恨贫富不均，吾为汝均之！"他们把官吏杀掉，拿来示众。他们把富人的财产，除足供养家的一部分外，尽数充公，拿来赈济贫困。他们竟"号令严明，所到一无所犯"。但他们最终一败涂地。

（二）同时在四川盛行一种沿自五代的"旁户"制度。旁户是隶属豪家的贫户，豪家所领的旁户，每有数千之多。他们向领主纳租外，并供领主役使，如奴隶一般。当李顺乱起时，有些豪家反率领旁户去响应他。后来事定，太宗想把旁户制度废除，终因怕引起更大的扰乱而止。

（三）同时在江淮以南迄于闽广（即身丁钱制施行的区域），又有一沿自五代的特殊法律：佃户非得田主的许可并给予凭证，不许迁移。这一来，佃户便成了附着于田土的农奴，如欧洲中古时代的情形。这特殊的法律到太宗的孙仁宗时始行废除。仁宗之所以为"仁"，于此可见。

南宋中兴之机运

金毓黻

宋高宗赵构（康王）以兵马大元帅即位于南京应天府（归穗），改元建炎，即钦宗靖康二年（1127年）五月也。以其后都于临安，僻居江左，故谓之南渡，又以其类于东晋元帝之偏安一隅，故谓之中兴，史家概称之为南宋，以别于都于汴梁之北宋。

高宗即位之初，河南陕西之地，皆未失陷，山东河北河东之地，亦有一部之保存，宗泽留守东京，屡表请高宗还都，是时宋正有恢复故疆之机。建炎二年（1128年）之交，金人第一次南侵，遂南至瓜州，逼高宗渡江，然东京之重心未失，故金兵退而危机遂去。迨建炎四年（1130年）金兵第二次南侵，则为南宋之存亡所系，以言南下之师，不唯江北两淮之地，多入金人掌握，而兀术乘锐渡江，所向克捷，前锋所至，远达今之宁波（明州）且入海三百余里，进窥台温二州，几令高宗无措身之地，与崖山故事之相去，其间不能以寸，可谓危矣。以言西下之师，欲先定陕西，再南取汉中，以拊四川之背，盖宋不能保汉中，则不能保四川，及荆襄诸郡，厥后元人之得志于宋，即由先定川陕，有高屋建瓴之势，兀术因南下不能得志，乃转而攻陕，张浚战于富平而大败，于是陕西之地失其大半，汉中之地亦几乎动摇矣。

愚谓南渡后，有两役最关重要，一为韩世忠之扼兀术于江上，一为吴玠、吴璘之败兀术于和尚原，盖兀术之扼于江上，乃使金人不敢再窥江南，兀术之败于和尚原，乃使金人不敢再闯陕南，即谓南宋得延续百五十年之久，为此两役之结局，亦无不可。

兀术渡江而南，追高宗不及，乃作退师之计，时韩世忠以浙西制置使，治舟师于江上，乃请往镇江邀敌归路，遂列舟以俟其至，及兀术兵至镇江，世忠列舟于北岸，并屯军于金山寺，迫金兵之在南岸者，使不得渡，兀术无术自脱，愿还所掠，又求与世忠语，世忠酬答如响，时于所佩金瓶，传酒示之，兀术见世忠整暇，色益沮，乃求假道甚恭，世忠曰，是不难，但迎还二圣，复旧疆土，归报明主，足相全也。将至黄天荡，或献谋于兀术，囚老鹳河故道，凿渠三十里，通秦淮，一日一夜而成，上接江口，翌晨舟出江背，在世忠之上流，遂趋建康，然世忠以舟师尾击之，兀术仍不得渡，已而福州王某教金人火箭，射世忠之船篷，兀术用其策，造火箭一夕成，射世忠舟，火发人乱，世忠兵败溃，兀术得绝江而去。是役也，世忠以八千人拒兀术十万之众，凡四十八日而败。

以上出自宋人之记载，或失之夸，然考之《金史》，亦言兀术渡江为世忠所扼，久之乃得渡江而北，两两相较，知其可信。迨金人第三次南侵，由粘罕主之，兀术则曰，"江南卑泾，今士马困惫，粮储未丰，恐无成功"。此为兀术见扼于世忠，因而觉悟之明证，吾故曰，兀术之扼于江上，乃使金人不敢再窥江南，此南宋中兴之机一也。

兀术造浮梁于宝鸡，渡渭水，攻和尚原，吴玠、吴璘选劲弓强弩与战，分番迭射，矢发不绝，且密如雨，敌稍却，则以奇兵邀击，并绝其粮道，凡三日，金兵乃退，伏兵起，追逐三十里，至平地，又阵于山口，兀术大败，俘馘首领及甲兵以万计，兀术中流矢二，仅以身免，得其麾盖，自入中原，其败衄未尝如此也。盖世忠江上之役，虽能扼兀术不得退，究未受大创，唯此役惩创最甚，至是金人始不敢轻视宋军，再继以仙人关之捷，而陕南之局遂定，吾故曰兀术之败于和尚原，乃使金人不敢再图陕南，此南宋中兴之机二也。

此外，如刘锜顺昌之捷，岳飞郾城之捷，亦为南渡以来战功之卓著者。又有一事应注意者，则岳飞之力争长江上游，恢复襄阳六郡，是也。当第二次金人南下，大盗李成受刘豫之策动，进据襄阳而有之，设宋人不为亟图恢复，转入金人之手，则足以震撼荆湖，威胁淮西，岳飞窥见及此，乃竭全力收复之，自是宋京西一路，唯襄阳之地获全，终宋之世，长江上游得以无恙，且与四川为江上之联络，其功亦不在一韩二吴下，至于郾城之捷，尚其次焉者耳。

初高宗闻世忠江上之捷，乃曰："金人侵犯以来，诸军望风奔溃，今岁知世忠辈，虽不成大功，皆累战获捷，若益训卒缮兵，今冬金人南来，似有可胜之理。"是则南宋之能撑柱半壁于江淮以南，实启自江上一役，高宗已自知之矣。

当绍兴十一年（1141年）兀术渡淮之际，下寿春及庐和滁亳四州，渐欲窥江，而刘锜王德一军，败之于柘皋，高宗又谕之曰：" 中外议论纷然，以敌逼江为忧，殊不知今日之势，与建炎不同，建炎之间，皆退保江南，杜充书生，遣偏将轻与敌战，得乘间披猖，今韩世忠屯淮东，刘锜屯淮西，岳飞屯上游，张俊方自建康进兵前渡，敌窥江，则我兵皆乘其后，今处镇江一路，以檄呼敌渡，亦不敢来。"其后卒如所料，此又金人不敢再渡江之明证也。方兀术之战于顺昌，责诸将往日用兵之失，众曰，今者南兵，非昔日比，国王临阵自见，及临阵，竟大败，是则宋军之能战，金人亦复瞭然。高宗于刘豫南侵者失败之际，至于下诏亲征，驻跸江上，以大张中国之威，是又为中兴机运日隆之征。是则高宗中兴之成功，仍基于诸将之善战，李纲有言，"能守而后可战，能战而后可和"（《本传》），诚至当不易之论矣。

或据《文献通考》所载汪藻、胡寅二疏，及《金史》所载邓琰之语，以中兴诸将骄横，为不能战胜金人之证，此亦不然。汪藻之言曰："金人为患，今已五年，而陛下怅未知税驾之所者，由将帅无人，而御之未得其术也……张俊守明州，仅能少抗，奈匈敌未退而引兵先遁，是杀明州一城生灵，而陛下再有馆头之行者，张俊使之也，陛下以杜充守建康，韩世忠守京口，刘光世守九江，而以王燮隶杜充，其措置非不善也，洎杜充力战于前，王燮卒不为用，光世亦晏然坐视，不出一兵，方朝夕宴饮，贼至数十里而不知，则朝廷失建康，虏犯两浙，乘舆震惊，六宫流离，诸将以负国家罪恶如此，臣观今日诸将，用古法皆当诛。"

胡寅之言曰："煮海榷酤之人，遇军之所至，则奄而有之，阛阓什一之利，半为军人所取。至于衣粮则日仰大农，器械则必取之武库，赏设则尽出县官。总兵者以兵为家，若不复背舍者，曹操曰：欲孤释兵，则不可也，无乃类此乎？"

邓琮本宋将，后入金，尝语同列曰："琮尝从大军南伐，每见元帅国王（指兀术）亲临阵督战，矢石交集，而王免胄，指挥三军，意气自若，亲冒锋镝，进不避难，将士视之，孰敢爱死。江南诸帅才能不及中人，每当出兵必在数百里外，谓之持重，制敌决胜，委之偏裨，是以智者解体，愚者丧师，纵或亲临，亦必先遁。"考藻疏上于建炎四年，是时以往，宋军见敌，望风而溃，固属事实，然于前一年，韩世忠已能邀截兀术于江上，且自是以来，金立伪齐，宋军渐能应战破敌，高宗曾谕及此，是则汪藻所论，乃指初期之战况，非可概括于四年以后也。至于胡寅所论，乃战时应有之情况，洎乎绍兴以后，则不尽如是，执此二疏为证，尚有时限不清之病。若邓琮所论，似非无故矣。然如韩岳刘吴诸大将，屡次获胜，必能身先士卒，不尽如琮所论，亦不得执此为诸将战功不可信之反证。

尚有一事应附论者，则高宗之建都临安（杭州）是也。宋初太祖幸洛阳，欲弃汴而徙都于是，且谓终当居长安，以太宗力谏而止。及高宗即位于南京，李纲上言曰："车驾不可不一到京师，见宗庙，以慰都人之心，度未可居，则为巡幸之计，以天下形势而观，长安为上，襄阳次之，建康又次之，皆当诏有司，预为之备。"

《本传》按纲此语，盖以"能守而后可战，能战而后可和"二语为原则，如能先守而继之以战，则襄阳之地，控天下之中，西可屏卫关陕，北可进取河洛，诚胜于临安万万也。然纲不先举襄阳，而以长安为上者，则以关中为汉唐建都之地，处高屋建瓴之势，为论者所盛称也，不悟唐末以来，中国情势已大异于汉唐，北方外患之重心，由西北渐移于东北，一往而不可返，五代北宋之君，皆不能弃洛阳开封，以西徙于长安，则其故可思矣，且其后富平一战，而长安之地沦于金人，不可再复，宋人仅能退保大散关，凭秦岭之险以保汉中，设先从纲言，都于关中，不唯将踵玄宗幸蜀之故事，而江南亦不可保，岂非失计之尤者乎。

愚以进驻襄阳，实为上计，次则退守建康，以示天下豪杰，有卧薪尝胆枕戈待旦之心，建都临安，则下计也。宋人诗云，"山外青山楼外楼，西湖歌舞几时休。暖风熏得游人醉，直把杭州作汴州"，正以讥南宋君臣之忘雠苟安，此临安不如建康之最显然者。然考南宋养兵之额，数逾百万，不下于北宋极盛之时，官禄祠祀之费，亦复称是，是时固以财匮为虑，犹能支持百余年而未之失坠，则以江浙为财赋之区，工商发展，过于北宋，国家有所取偿故也。盖从经济方面着眼，临安之地，实过于长安、襄阳数倍，唯都于建康，则进可战，而退可守，并可靠临安之长而有之，南宋之终于偏安，而不能大有为，亦以不能尽用李纲之言，有以使之然也。

总之，高宗中兴之途径有三：上之则恢复太宗太祖以来之故疆，驱逐金人于境外，如汉光武之光显故业，是其例也。中之则支持半壁，保聚一方，使中国全区，不致尽蹂躏于胡骑，如晋元帝之偏安江左，是其例也。下之则内无可恃之贤相，外无善战之名将，苟延残喘，偷息一隅，敌军进逼，随流澌灭，如明福王之溃于南京，是其例也。

高宗上不能为光武，下亦不致如福王，终步元帝之后尘，以成偏安之局，所以致此之因，具如上述，是亦不幸中之幸矣。

宋之灭亡

金毓黻

宋代为士大夫之政治，其兴盛由于士大夫，其衰亡亦由于士大夫。

士大夫之代表，即为宰相，宋开国功臣之赵普，由书生起家，书生即士大夫之异名，中叶之变法党争，亦为士大夫之交斗。南宋宰相皆兼枢密使，文武兼掌，其权重于北宋，其执政颇久，而后世目为奸臣者，有四人焉，一为秦桧，二为韩侂胄，三为史弥远，四为贾似道，此四人亦属于士大夫之林者也。秦桧主和，韩侂胄主战，皆与对外有关，前已论之，史弥远主谋诛韩侂胄，又于宁宗之末，摈皇子贵诚，援立理宗，皆无关于一代治乱之大，故亦置而不论，其收宋室之终场者，则为贾似道，吾敢断言，宋室之亡，亦士大夫为之也。

似道为理宗贾贵妃之弟，不由科第出身，以其姊有宠，而致贵显，洊升宰辅，内而平章政事，外而都督军马，文武大权，集于一身，始于理宗开庆，终于恭帝德祐，前后凡二十年，执政之久，与蔡京、秦桧、史弥远三人相埒，且其人亦非尝学问，收藏之富,为南宋第一,宋人书画尽有钤"秋壑"二字小印者,即为似道旧藏,至今人犹争宝之。其可述者,尚有制外戚抑北司戢学校三事,昔者周密尝称之又以国用日绌,置公田,主推排,立银关,为时贤所诟病,然亦有小效可称,且亦出于不得已,是则似道亦非无一长可取。唯周密又讥其"专功怙势,忌才而好名",以其专功怙势,故明知才不足应变,而恋恋不肯去,以其忌才好名,故恶刚正之士,而喜引迂缓不才之人,卒至国破身亡而后已,抑何其不智也。

《大学》引《秦誓》云,"人之有技,媢嫉以恶之,人之彦圣,而违之,俾不通。实不能容,以保我子孙黎民",似道外以休休之度自饰,而中实媢嫉,如故相吴潜之不得其死,即其一证。似道自本无才,而忌人之有才,其当国时,在朝诸臣之才望,皆在其下,盖必如此,而后能自固其位,是则似道之病,可以"怙势忌才"四字括之而有余,唯其怙势,故有患得患失之虑,唯其忌才,故无任重致远之人,其结局乃与宋末之蔡京同符,是为误国,而非奸国,然仅如此,亦足致宋于亡,盖国当末运,事机间不容发,以媢嫉之士,执政二十年之久,欲其不亡,能乎不能。

宋至恭帝之世,内有误国之相臣,外无御敌之将帅,是为病入膏肓,有死而已。元兵南犯,如摧枯拉朽,纵有二三忠义之士,效死抗拒,终亦无济,由是先有临安之系掳,后有崖山之沈覆。

恭帝德祐元年(1275年)冬,元军迫临安,宋人请和,不许。明年正月,恭帝奉表请降,三月元总帅伯颜入临安,以恭帝及太后并赵氏族人北去，图书法物亦并载之，一如靖康故事，是为临安之系掳。

恭帝为度宗嫡子，被掳北上，时年仅六岁，诸臣拥立其庶兄益王昰于福州，是为端宗，后以元兵来逼，迁于碉州，惊悸而崩，又立其弟昺，是为宋末帝，一称帝昺者也，即位后，徙居崖山海中，明年为帝昺祥兴二年（1279年）。元世祖之至元十六年也，元兵来袭，军溃，丞相陆秀夫负末帝溺于海，未几，扼守海上之张世杰亦溺死，二帝前后凡立五年，至是宋亡，是为崖山之沈覆。

北宋靖康之祸，臣僚死节颇少，故金人见李若水死节，叹曰，南朝唯李侍郎一人，实则继若水之后，尚有张叔夜可称，特无宰辅重臣之赫濯者耳。宋亡死节之士，颇不胜数，其尤可称者，曰少保枢密使文天祥。天祥于理宗时，举进士第，考官王应麟读其卷，谓"古谊若龟鉴，忠肝如铁石。"端宗初立，拜右丞相兼枢密使，不拜，乃以之专任枢密使，宋亡之前，元兵袭执天祥于五坡岭（今海丰县北），送至大都（燕京），见元丞相孛罗，长揖不屈，仰首言曰，"自古有兴有废，帝王将相，灭亡诛戮，何代无之，我尽忠于宋以至此，愿求早死。"孛罗曰，"汝谓有兴有废，且问盘古至今，岁帝岁王。"天祥曰，"一部十七史从何说起，吾今日非应博学宏辞科何暇泛论。"孛罗曰，"汝不肯说兴废事，且道古来有以宗社与人而复逃者乎。"天祥曰，"奉国与人，是卖国之臣也，卖国者有所利而为之，必不去，去者必非卖国者也，国亡当死，所以不死者，以度宗二子在故耳。"孛罗怒曰，"尔立二王，竟何成功。"天祥曰，"立君以存宗社，存一日则尽臣子一日之责，何功之有。"孛罗曰，"既知其不可，何必为。"天祥曰，"父母有疾，虽不可为，无不下药之理，尽吾心焉，不可救，则天命也，今日天祥至此，唯有一死。"不在多言，元人乃囚之。

元世祖至元十九年（宋亡后三年，1282年）十二月，时中山有人自称宋帝，欲文丞相，又有上书告变者，言某日烧城起事，丞相无可忧，元主惺变作，乃迁宋恭帝（时封瀛国公），及宋宗室于上都，并杀天祥，天祥在燕三年，坐卧一小楼，足不履地，又于狱中作《正气歌》，序云，"予囚北庭，坐一土室，夏日诸气萃然，时为水气，为土气，为日气，为米气，为人气，为秽气，叠是数气，当之者鲜不为厉，而余以孱弱，俯仰其间，于兹二年，幸而无恙，是殆有养致然，然而亦安知所养何哉。孟子曰，'吾善养吾浩然之气，彼气有七，吾气有一，以一敌七，吾何患焉，况浩然者乃天地之正气也，作正气歌'。"死后，于衣带间，得自赞云，"孔曰成仁，孟曰取义，唯其义尽，所以仁至，读圣贤书，所学何事，而今而后，庶几无愧。"后人在数百载下，读之犹凛凛有生气，盖上与殷之比干争烈，下为明之史可法所仿效云。

宋前有徽钦之被虏，后有恭帝之北迁，上踵典午怀愍石晋末主故辙，颇为谈史者所羞称，唯至宋亡之顷，君臣同沉于海，天祥既不屈而死，其后又有故江西招谕使谢枋得亦以不屈节死于燕，皆绵后人以无尽之思，此为宋代诸君厚待士大夫之结果，亦为蔡京贾似道诸相误国之反映。

当是时，元以异族入主中国，凡耶律德光一试而失败，完颜亮欲渡江而不得之故迹，均能一一突破，别开生面，以成统一南北之局，且为后来满清之先例，此为国史上空前未有之变局，衣冠之士，所为同声悲愤者，因之有郑所南之《铁函心史》，谢翱之《西台痛哭记》，以寓人心不死思宋弗替之旨，后人更为之撰《宋遗民录》《广宋遗民录》，且以元顺帝为宋恭帝之子，阴篡元统，此种伏流，涓涓不绝，迨元政不纲，乃乘机突发，遂为明太祖以汉人得国之所因，是则宋之君臣死国，关系绝大，有此一事之系属，虽谓宋未曾亡，无不可也。

蒙古的兵力和亚欧的交通

顾颉刚

宋金对峙了一百年，北方新兴的蒙古便一飞冲天，在民族发展史上放出从未有的光芒。不但它南侵的势力先后把陇西的夏、河北的金、江南的宋扫数卷去，而且西征及于东欧，东南撼动海外诸邦呢。有人说，蒙古三次西征，实打通亚欧交通的大道，这话很确凿可信。我们只消把《元史》上许多色目人的出处略略查究，便可看出当时实际的交通是怎样了。

今且先述蒙古的来源：

蒙古本是室韦的一部。当唐朝时，室韦的部落，可考的有二十个，都在今外蒙古车臣汗之北和黑龙江省西北一带。后来役属辽、金，而总隶于鞑靼（靺鞨）部。其中蒙兀室韦（又称蒙兀斯）最劲悍，居地当黑龙江之南，以渔猎为生。金初起时，曾向他们借兵，许过好处；后来不偿原约，蒙兀由是与金有怨。1135年（宋高宗绍兴五年，金太宗天会十三年），金朝向他寻衅，反为所败。从此更成仇敌，两下都难放手了。

然而蒙兀之势方在新盛，虽兀术那样逞志中原的人，也连年攻战不能克，不很可想见他们的不可轻侮吗！所以金朝在那时便已有些怕他，想与他连和，许割西平河（克鲁伦河）以北二十七团寨给他，并岁送牛、羊、米、豆。封他们的酋长合不勒做蒙古国王。但合不勒不肯受。他只管自己统一诸部，自号大蒙古国。直到1147年（宋高宗绍兴十七年，金熙宗皇统七年），两下才得言和。金朝送他的岁币很厚，他却自称祖元皇帝，改元天兴。

祖元建国时，他们的根据地在斡难河（敖嫩河，今黑龙江北源）源的不儿罕山（土谢图、车臣两汗部界上的布尔罕哈勒那都岭）。那时大漠南北，诸部错列，东起黑水，西抵西域，大大小小的，何啻十数；后来他的孙儿也速该居然把近旁的部落渐渐地吞并了，声势陡然强盛起来。不久，也速该被人毒死，他的儿子铁木真只十三岁，很受了一些磨难，蒙古几乎不振了。但铁木真是个极有能力的人，结果竟被他打出头来。先后破并诸部，打败西夏，1206年（宋宁宗开禧二年，金章宗泰和六年）上，诸部酋长便在斡难河上大会，公推他为大汗，进号成吉思（最大之意），这便是蒙古的太祖。

成吉思汗既得势，蒙古的基址便更加巩固，一时竟做了东方唯一的霸国。凡有兵事，他总是主动的攻击者。所以在1227年（宋理宗宝庆三年，夏主即位二年）亲将攻灭西夏。他的儿子窝阔台（太宗）又在1234年（宋理宗端平元年，金哀宗天兴三年）灭金。后来他的孙儿忽必烈经略西南，与宋开战，宋朝益不能支。1260年（宋理宗景定元年），忽必烈嗣位，建元中统，与宋修好。宋朝为贾似道所误，竟弄得攻守都非，始终疲于奔命，不曾有过半日清宁。至1271年（宋度宗咸淳七年，蒙古至元八年），蒙古始建国号为元，史因称忽必烈为元世祖。从此以后，元势逐渐南逼。

1276年（宋恭帝德祐二年，元至元十三年），竟把宋恭帝捉去；越二年，宋端宗在硇州（广东省吴川市海中）忧死；明年，宋帝昺在崖山（广东省新会市海中）跳海；于是元朝统一中国，遂开外族奄有华土之创例。

这是蒙古势力直接影响中国的事实。然而它在未入中国之前，已做下空前之武功，打通东西往来的大道，间接影响中国的地方也着实不少。原来蒙古自太祖以至宪宗（世祖兄），先后举行了三次大规模的西征：第一次（1224年）由太祖亲将，前锋速不台、哲别诸将深入欧洲，打破俄国的联军。

第二次（1237年），在太宗时，拔都为将，这一役竟把俄王虏获，诸部酋长都降。

第三次（1258年）在宪宗时，旭烈兀为将，灭报达（大食八吉打），大掠西亚。

这几次远征的结果，竟建立了钦察、窝阔台、察合台、伊尔四大汗国。当时蒙古声势之盛，在世界史上实罕有其匹，西方人至比它的兵力为"上帝之鞭"，可想那厉害的印象是怎样的程度了！

当蒙古西向远征的时候，恰巧西方也因耶伊两教相争的结果，欧洲诸国正起十字军远征之役。双方出发。一西一东，兵行所至，运道自辟，于是亚欧间的交通，突然便利起来了。交通既便，西方人东来的自然渐多。更兼元朝自嫌以外族作客帝，很奖掖他种人（便是色目），用以陵压汉人（灭金后两河遗民的通称）

和南人（灭宋后江南遗民的通称）。所以客卿的登庸，竟随着客帝的尊荣而同样尊荣了。

我们只看元世祖的用人，便可得到一个大概，如马可·波罗为意大利人，以东来任事甚久，举为枢密副使；八思巴为萨摩斯迦人，本喇嘛番僧，竟尊为帝师；爱薛为犹太人，也就用做翰林学士；迦鲁答思为畏兀人，居然擢任大司马；色目人的地位，不高出汉人、南人之上吗！

但据此推想，那时东西的交通真是盛极一时，外国的文明当然也输入不少，不能说这些事实与中国没有影响吧。我们只看当时推行的回回历和郭守敬创制的浑天仪，便可知道元朝东西交通的效力了。

明太祖的建国

吴 晗

首先,我们应该弄清国家的含义。近几年来的学术讨论中,有人往往把我们这个时代关于国家的含义等同于历史上的国家的含义。这是错误的、不科学的。我们今天所说的国家,包括政府、土地、人民、主权各个方面。由于政权性质的不同,国家可以分为好几类,有人民民主国家、资本主义国家、民族主义国家,等等。历史上国家的含义就跟这不一样。简单地说,历史上的国家只能是某一个家族的政权,不能把它等同于今天我们所说的国家。

曹操的儿子曹丕临死前写了一篇遗嘱,说:自古无不亡之国。这里所说的"国"是什么呢?就是指某个家族的政权,是指刘家的、赵家的、李家的或者朱家的政权。这些政权经常更替,一个灭亡了,另一个起来。所以曹丕说自古无不亡之国。但是一个政权灭亡了,当时的国家是不是也灭亡了呢?没有。

譬如,汉朝刘家的政权被推翻了,曹操的儿子做了皇帝,还是有三国,我们的历史并没有中断。曹家的政权被推翻了,司马氏做了皇帝，国家也没有灭亡。所以，历史上的所谓亡国，就是指某一个家族的政权被推翻，国家还是存在的，人民还是存在的。因此我们所说的明太祖建国，也是指他建立的朱家的政权。这个国跟我们今天的中华人民共和国有本质的不同，它只代表一个家族、一个集团的利益，而不代表整个民族的共同的利益。把这个含义弄清楚，我们才可以讲下面的问题，就是朱元璋的政权依靠的是什么。

一、土地关系问题

要讲土地关系问题，不能不概括地讲讲当时的基本情况。14世纪中叶，大致是从1348年至1368年的二十年，发生了大规模的农民起义、农民战争。规模之大，几乎遍及全国，从东北到西南，从西北到中南，到处有农民战争发生。不单是有汉族农民参加，各地的少数民族也参加了，如东北的女真族（就是后来的建州族）、西南的回族都参加了斗争的行列。时间之久，前后达二十年。战争激烈的情况，在整个历史上都是少有的。

在二十年的战争中，反对元朝的军事力量大致可以分为两个体系：一支是红军。因为参加起义的人都在头上包一块红布作为标志，在当时政府的文书上称为"红军"，也有个别的叫作"红巾军"。这是反对元朝的主要力量。现在有些历史学家不大愿用"红军"这个名称，大都称为"红巾军"。大概有这样一个顾虑：怕把历史上的红军同我们党建立的红军等同起来。在我的记忆里有这样一件事：大约二十年前，国民党政府的一个什么馆，要我写明史。书写好之后交给他们看，他们什么意见也提不出来，最后说：你这上面写的"红军"改不改？要改就出版，不改就不出版。我说：不出版拉倒！（这本书到现在没有出版。）

他们怕红军，不但怕今天的红军，也怕历史上元朝的红军，因此他们要我改掉。我不改，因为根据历史记载，这支起义军本来就是红军，不是白军。这不说明什么政治内容，而只是说他们头上包了一块红布而已。红军又分成两部分：一部分在东边活动；一部分在西边活动。具体地说，东边是指今天的安徽、河南、河北一带，西边是指江汉流域（长江、汉水流域）。江汉地区的红军很多，包括"北锁红军"和"南锁红军"。反对元朝的另一支军事力量是非红军系统：在浙江有方国珍，在元末的反元斗争中，他起兵最早；在江苏有张士诚；在福建有陈友定。这几支军队都不属于红军系统。当时为什么能爆发这样大规模的农民起义呢？我想在讲元朝历史的时候已提到了。这里就不再重复。

下面讲讲红军提出了些什么问题。

红军当中的一些领导者，他们在反元斗争展开之后发布了一个宣言（当时叫檄文），里面有这么两句话："贫极江南，富夸塞北。"（文件的全文已看不到了，只留下这么两句。）这说明什么呢？说明红军反对元朝的统治，要推翻元朝的统治。这是一个有各族人民参加的阶级斗争。当时元朝的政治中心，一个在大都（北京），一个在上都。元朝政府经常派出很多官吏和军队到南方去搜刮物资，把这些物资运到北方去供少数人享受。元朝的皇帝在刚上台时，为了取得军事首领、部族酋长的支持，对他们大加赏赐，按照不同的地位给他们金、银、绸缎一类的物资。遇到政治上有困难时，为了获得支持以巩固自己的统治，也采取这种办法。每次赏赐的数目都很大，往往要用掉一年或者半年的收入，国家财政收支的一半甚至全部都给了他们。这些物资是从哪里来的呢？是从全国人民身上搜刮来的。几十年光景，造成了"贫极江南，富夸塞北"的局面。这样的统治使老百姓活不下去了，他们就起来斗争，改变这个局面，所以提出了这样鲜明的口号。

红军初期的主要领导人韩山童，是传布白莲教起家的（他家里世世代代都是传布白莲教的）。由于通过宣传白莲教，通过宗教迷信活动可以组织一部分力量，于是他就提出"明王出世"、"弥勒佛降生"的口号。明王是明教的神，也叫"明尊"或"明使"。明王出世的意思是光明必然到来，光明一到，黑暗就给消灭了；最后人类必然走上光明极乐的世界。弥勒佛是佛教里的著名人物。传说在释迦牟尼灭度（死）后，世界就变坏了，种种坏事全部出现，人的生活苦到不能再苦。

幸得释迦牟尼在灭度前留下一句话，说再过若干年，会有弥勒佛出世。这佛爷一出世，世界立刻又变得好起来。自然界变好了；人心也变慈善了，抢着做好事，太太平平过日子；种的五谷，用不着拔草翻土，自己会长大，而且下一次种有七次的收成。这种宗教宣传，对当时受尽苦难的农民产生了深刻的影响，他们希望有人来解救他们。所以，在广大农民中，白莲教就用"明王出世""弥勒佛降生"这样的口号作为号召来组织斗争力量。

这种宗教宣传对农民能够产生作用，可是对知识分子就不能够产生作用了，特别是一些念"四书""五经"的儒生不相信这一套。因此，对他们必须有另外一种口号。红军的领袖们就利用一些知识分子对元朝统治的不满,对宋朝怀念的心情,提出了"复宋"的口号。他们假托自己是赵家的子孙。韩山童是河北人,起兵之后被元朝政府杀害,他的儿子韩林儿跑掉了。以后刘福通就利用元朝政府治理黄河的机会组织反元斗争。当时黄河泛滥成灾,元朝政府用很大力量调了很多民夫、军队来做黄河改道的工作。

民夫和军队都集中在一起,刘福通就乘机组织民工发动反元斗争。军事行动开始之后,他们就假托韩林儿是宋徽宗的第九代子孙,刘福通是南宋大将刘光世的后代。他们以恢复宋朝的口号来团结一部分知识分子。所以红军有两套口号:一方面宣传"明王出世""弥勒佛降生"来团结和组织农民;另一方面以恢复宋朝政权相号召,团结社会上有威信的知识分子。而中心则是阶级斗争,推翻剥削阶级。

刘福通起兵之后,声势很大,得到了各个地方的响应。江苏萧县有芝麻李起兵响应;安徽凤阳有郭子兴起兵响应,一下子就发展到几十万军队。他们从山里把韩林儿找出来,让他做了皇帝,建立了统治机构。同时分路出兵攻打元朝:一支由华北打到内蒙,以后东占辽阳,转入高丽;另一支打到西北;还有一支打到四川。

以上讲的是东部红军的情况。

西部红军的主要领导人叫彭莹玉,他是一个和尚,原来在江西袁州组织过一次武装起义,失败以后,就跑到淮水、汉水流域,秘密传教,组织力量。后来,他找到徐寿辉,组织武装力量,进行反元斗争。徐寿辉被他的部下陈友谅杀掉以后,西部红军的主要领导人就是陈友谅。此外,徐寿辉的另一个部将明玉珍跑到四川，在那里也建立了政权。

从二十年的长期战争中，我们可以看出这样几种基本情况：

第一，不管是东边韩林儿这一支，或者是西边陈友谅这一支，他们遇到的最坚强的敌人不是元朝的军队。这时元朝军队已经失去了建国初期那种勇敢、骠悍的特征，无论是军官也罢，士兵也罢，都腐化了，不能打仗了，在与红军作战时，往往是一触即溃。既然元朝军队不能打仗，为什么战争还能延续二十年呢？原因就在于坚决抵抗红军的是一些地主阶级的武装力量。这些武装力量，元朝政府把它称为"义军"。这些力量很强大，最强的有察罕帖木儿、扩廓帖木儿父子所领导的这一支；此外，李思齐、张思道、张良臣等也都很有实力。至于小的地主武装就举不胜举了。

这些地主武装为什么这样坚决地反对农民起义呢？因为红军坚决反对阶级压迫。应该说，当时的农民革命领袖并没有消灭地主阶级的思想，若要把现代人的意识强加于古人，那是错误的。那个时代的人不可能有消灭地主阶级的思想，但是，他们恨地主阶级，因为他们世代受地主阶级的剥削、压迫，现在他们自己有了武装力量，就要对这些地主阶级进行报复。在这样情况下，各地的地主阶级都组织力量来抵抗红军。其中最强的是察罕帖木儿和李思齐这两支力量。所以，红军在几路出兵的千里转战中，所遇到的主要敌人不是元朝的正规军，而是这些地主阶级的武装。在红军遭到这些地主武装的顽强阻击而受到损失之后，元朝政府就承认这些地主武装，封给察罕帖木儿、李思齐、张思道、张良臣及其部队以官位和名号。

一方面是红军，他们要改变"贫极江南，富夸塞北"的局面；另一方面，顽强抵抗红军的主要是地主阶级的武装力量，其中主要的数量最多的是汉人地主的武装力量。这就是从1348年至1368年二十年战争中的第一个基本情况。第二，在二十年的斗争中，尽管起义的面很广，战争区域很大，军事力量发展得很快，但是始终没有形成统一的指挥。不管是刘福通这个系统，或者是徐寿辉这个系统，都是各自为政，互不配合。尽管在战争的过程中，东边的胜利可以支持西边，西边的胜利可以支持东边，可是战略上没有统一的部署，缺乏统一的领导。不只是东边这一支和西边这一支二者之间出现这种情况，就是在刘福通领导下的军事力量也是这样。军队从几路分兵出发，不能采取通盘的步骤，而是你打你的，我打我的。

尽管他们也有根据地（刘福通建都开封，陈友谅建都武汉），但是在当时交通不便的情况下，前方和后方的联系很差，这支军队和那支军队之间的情况互不了解。尽管他们的军事力量都很强大，一打起仗来往往是几百里、几千里的远征，所到的地方都能把敌人打败，所消灭的敌人也很多，但是并不能把所占领的地方安定下来，没能建立起各个地方的政权。因此红军走了之后，原来的蒙古和汉人地主的联合政权又恢复了。第三，这几支军队都由于得不到后方的接济，得不到友军的配合而逐个被消灭了。他们虽然失败了，但在历史记载上很少发现有投降元朝的，绝大多数都是战斗到最后。

相反，不属于红军系统的那些反元力量，像浙江东部的方国珍（佃户出身），以苏州为中心的张士诚（贩私盐的江湖好汉出身),他们也是反抗元朝的,也都有自己的政权,建号称王,可是在顶不住元朝的军事压迫的时候,就投降元朝,接受元朝的指挥。过一个时期看到元朝军事力量不行了,又起来反对元朝。方国珍也罢,张士诚也罢,都这样经常反复。他们虽然反对元朝,但并没有像红军那样提出政治的、宗教的阶级斗争口号。在二十年战争中,最后取得胜利的不是这些人,而是在韩林儿的旗帜下成长起来的朱元璋。

朱元璋出身于红军。他家里很穷苦,没有土地。从他祖父起,就经常搬家,替地主干活。最后他父亲在安徽凤阳(当时的濠州)的一个小村子里落了户。朱元璋小的时候给人家放牛、羊,以后因为遇到荒年,瘟疫流行,他的父母、哥哥都死了,他自己没有办法生活,便在庙里当了和尚。庙里是依靠地租过活的(过去寺院里都有大量的土地),遇到荒年,寺院里也收不到租,当和尚也还是没有饭吃。朱元璋只好出去化缘、要饭。他在淮水流域要了三年饭。这三年要饭的生活对朱元璋一生的事业有很大的关系。因为我们上面讲到的彭莹玉就是在这一带进行活动,通过宗教宣传、组织反元斗争的。这样,朱元璋就不能不受到他的影响。同时,这三年的流浪生活也使朱元璋熟悉了这一带的地理、山川形势和风俗民情。三年后,朱元璋重新回到庙里。这时,濠州的郭子兴已经起兵,成为红军的将领之一。因为朱元璋和红军有来往,元朝政府就很注意他,他的处境很危险。

但这时朱元璋还很彷徨,两条道路摆在面前:是革命呢,还是反革命呢?经过一番考虑,最后还是投奔了红军,在郭子兴的部下当了一名亲兵。朱元璋自己后来写文章回忆,说他当时参加这个斗争并不很坚决,而是顾虑很多的。参加了郭子兴的部队以后,他很勇敢,也能够出主意,能够团结一些人。后来成了郭子兴的亲信,郭子兴就把自己的养女马氏许配给他,这样他就成了郭子兴的女婿。军队里称他为朱公子。朱元璋在反元斗争中用计谋袭击了一些地主武装,把这些地主武装拉了过来。同时,他又回到自己的家乡去吸收了一批人,当时有二十四个人跟他参加了红军,以后都成了有名的将领,开国名将徐达就是其中之一。郭子兴死了之后,朱元璋代替了郭子兴,成为韩林儿旗帜下的一支军事力量的将领。这时,他的力量还并不强大。那么,他为什么能够赢得战争的胜利,取得全国的政权呢?有以下两个因素:

第一个因素是正当朱元璋开始组织军事力量时,刘福通部下的红军正在跟元朝的军队作战,元朝军队顾不上来打朱元璋。朱元璋占领区的北面都是红军,这样,就把他的军队和元朝的军队隔开了。所以,当红军和元朝军队作战时,朱元璋就趁此机会壮大自己的武装力量,占领许多城市。

第二个因素是他取得了地主阶级知识分子的支持。他起兵之后不久,就有一些知识分子投奔他,像李善长、冯国用、刘基、宋濂、章溢、叶琛等。这些人都是浙江、安徽地区的地主阶级知识分子,在地方上有些威望,而且都有武装力量。这些知识分子替朱元璋出主意,劝他搞生产、搞屯田。在安徽时,朱升劝他"高筑墙、广积粮、缓称王"。这就是要他先把根据地搞好,在后方解决粮食问题,一开始不要把目标搞得太大。李善长、刘基劝他不要乱杀人,不要危害老百姓,要加强军队纪律,要巩固占领城市;并经常把历史上成功的经验和失败的教训告诉他。朱元璋本人也很用功地学习历史,他在进行军事斗争或政治安排时,总是要征求这些人的意见,研究历史上的经验教训。

这里有一个问题,朱元璋出身于红军,他反对地主,而地主阶级为什么要支持他呢?这不是一个很大的矛盾吗?要了解这个问题,必须从当时的具体历史情况来看。一方面朱元璋本人要打击地主,因为他受过地主阶级的压迫。可是在进行军事斗争的过程中,他感到光像过去那样打击地主、消灭地主,不仅很难取得地主阶级的支持,而且会遭到地主阶级的顽强抵抗。所以,在他还没有成为一个军事统帅的时候,他就改变了红军的传统,开始和地主阶级合作,取得他们的支持。

另一方面,地主阶级怎么愿意支持他呢?前面不是说过,红军在北上的战争中所遇到的最大阻力不是元朝军队,而是地主阶级的武装。原因很简单,就是安徽、浙江地区的地主阶级,他们看到元朝政府已经不能维持下去了,他们不能再依赖元朝政府的保护,而他们自己的武装力量又无论如何也抗拒不了朱元璋的进攻;更重要的是他们理解朱元璋欢迎他们,采取跟他们合作的方针。他们与其坚决反抗朱元璋而被朱元璋消灭,还不如依靠朱元璋,得到朱元璋的保护,以维护自己的阶级利益。所以,当朱元璋派人去请刘基的时候,刘基开始拒绝,可是经过一番考虑,最后终于接受了。

朱元璋的军队加入这样一批力量之后,它的性质逐渐改变了。所以在他以后去打张士诚时所发布的一个宣言中,不但不再承认他自己是红军,反而骂红军,攻击红军,把红军所讲的一些道理称为妖言。尽管这时他在形式上还是接受韩林儿的命令,用韩林儿的年号，他的官爵也是韩林儿封的，但实质上他已经叛变红军。

到了1368年，他已把陈友谅、张士诚消灭，派大将徐达进攻北京，这时又发布了一个宣言。在这个宣言中，红军所提出的"贫极江南，富夸塞北"的口号都没有了。主要提些什么问题呢？夷夏问题。就是说少数民族不能当中国的统治者，只能以夏治夷，不能以夷治夏。他要建立和恢复汉族的统治。在这样的情况下，战争的性质改变了，不再是红军原来的阶级斗争的性质，而是一个汉族与蒙古族的民族战争。

1368年，朱元璋的军队很顺利地打下了北京。元顺帝跑到蒙古，历史上称为北元。元顺帝虽然放弃了北京而回到蒙古，可是他的军事力量并没有受到太大的损失，还仍然保持着比较强大的军事力量和完整的政治机构。他并不认为自己统治的王朝已经结束了，他经常派兵来打北京，要收复失地。所以在明朝初年，明朝和北元还有几次很激烈的战争。到了洪武八年（1375年），北元的统帅扩廓帖木儿死了，蒙古对明朝的威胁才减轻了一些，但仍然没有结束。这时北元和高丽还保持密切的关系，高丽的国王还照样是北元的女婿（每一个高丽国王都要娶蒙古贵族女子做妻子），在政治上仍然依附于北元。

这种关系一直维持到洪武二十五年（1392年）。这一年，高丽内部发生斗争，大将李成桂为了取王朝而代之，他依靠明朝的支持，在国内发动政变，推翻了旧的王朝，建立了一个新的朝代。从此，高丽臣服于明朝。同时，李成桂在求得明太祖的同意之后，把国名高丽改为朝鲜。此后一直叫朝鲜，不再称高丽了。

朝鲜国内的政治变革,反映了明朝和北元的斗争关系和势力的消长。

总结上面所说的历史情况,得到这样的结论:经过二十年长期的战争,一方面是红军(包括东、西两部分)和非红军(如方国珍、张士诚);另一方面是元朝军队,更重要的是各个地方的汉人地主武装力量。在战争过程中这些汉人地主武装大部分被消灭了。也由于二十年的长期战争,各地人口大幅减少,土地大量地荒废。因此1368年明太祖建国之后,他就不得不采取一些措施,改变这种情况。一个以农业为主要生产手段的国家,农业生产得不到保证,他就不能维持下去。因此,在明朝初年采取了一系列的办法:

第一,大量地移民。例如,移江浙的农民十四万户到安徽凤阳,迁山西的一部分人口到河南、河北、安徽去。移民的数量是很大的,一移就是几万家甚至十几万家。迁移的民户到了新的地方之后,政府分配给他们土地。这些土地是从哪里来的呢?就是一些在战争中被消灭的大地主的土地和无主荒地。此外,政府还给耕牛、种子、农具,并宣布新开垦的荒地几年内不收租,鼓励他们的生产积极性。

第二,解放匠户。元朝有所谓匠户制度。成吉思汗定下了这样一种办法:每打下一个城市之后,一般的壮丁都杀掉,但是有技术的工人,无论是铜匠、铁匠或其他行业的工匠都保留下来。把每个大城市的技术工人都集合在一起为官府生产,这些人就称为匠户。这些匠户几乎没有人身自由,世世代代为官府服役。明太祖把他们部分解放了,给他们一些自由,鼓励他们生产。匠户数目很大，有几十万人。

第三，凡是战争期间，农民的子弟被强迫去当奴隶的，一律解放，给予自由。这样，增加了农业生产的劳动力。

第四，广泛地鼓励农业生产。明太祖采取了很多措施，规定以各地农业收成的好坏作为考核地方官工作成绩的重要标准之一，地方官每年要向中央报告当地人口增加多少，农作物的产量增加多少；大力鼓励农民种植桑树和棉花，规定每一户的土地必须种多少棉花、多少桑树和果树。而且用法令规定：只要能够种棉花的地方就必须种棉花，能够种桑树、果树的地方就必须种桑树、果树。这样，农民的副业收入增加了。

关于朱元璋鼓励种棉花的措施值得特别提一下。在朱元璋以前，更具体地说，在1368年以前，我们的祖先穿的是什么衣服呢？有钱的人夏天穿绸、穿缎，冬天穿皮的（北方）或者穿丝棉。老百姓穿的是什么呢？穿的是麻布。有一本看相的书，就叫《麻衣相法》。当时棉花很少，中国自南北朝的时候就有棉花进口，但数量少。

到宋朝时棉布还是很珍贵。可是到了明太祖的时候，由于大力提倡种植棉花，以及当时由于种种原因，纺纱、织布的技术提高了，因而棉布大量增加。这样，我们祖先穿的衣服就改变了，过去平民以穿麻衣为主，现在一般人都能穿上棉布衣服。并且形成了几个产棉区和松江等出产棉布的中心。也是在这个时期，棉花种子从中国传入朝鲜。结果在不太长的时间内，朝鲜人也穿上了棉布衣服。

在农业生产发展，农业经济恢复的基础上，朱元璋采取了支持商业的方针。在南京和其他一些地方,都专门为商人盖了房子,当时叫作"塌房",以便他们进行商业活动。

所以,经过从 1348 年至 1368 年的二十年的长期战争,由于战争延续的时间长,涉及的区域广,战争的情况又极为残酷,使社会上人口死亡很多,荒芜了很多土地。但是,经过洪武时期二十多年的努力,社会生产逐渐恢复并发展了,经济繁荣了。

那么,问题归结到什么地方呢?朱元璋的政权依靠谁呢?

上面说过,元朝的大地主在战争中基本上被消灭了,在这种情况下,土地关系发生了重大的变化,第一种情况,过去土地比较集中,一个大地主占有很多土地,拥有很多庄园。现在这些大地主被消灭了,他们的土地被分配给无地、少地的农民,或者是新来的移民。这样,一家一户几亩地,土地分散了,这是基本的情况。土地分散的后果是什么呢?在政治上是阶级矛盾的缓和。原来那些人口密度很高的地区(江苏、浙江一带),现在一部分地主被消灭了,一部分地主迁徙出去,留下来的农民有了部分土地,有了一些生产资料,这样,阶级关系就比过去缓和了。

第二种情况,与此相反,就是那些没有被消灭的地主,如李善长、冯国用、刘基、宋濂这些人,他们原来的土地不但保留下来了,而且有了发展。他们大都成为明朝的开国功臣,做了大官。第三种情况,是出现了新的地主阶级。如朱元璋回家招兵时,跟他出来的二十四个人后来都成了他的大将、开国功臣,朱元璋给他们封公、封侯。这些人在政治上有了地位,经济地位也跟着提高了。明朝初年分配土地的结果,他们都成了新的地主阶级。

情况这么复杂，那么，整个说来，农民的土地问题解决了没有呢？没有解决。封建剥削还是存在，农民还是要向地主交租，还是受地主阶级的压迫，在某些地方甚至还有所加强。明太祖是红军出身，是反对地主阶级的，现在他自己成了全国最大的地主。

因此，就发生了前面所提到的那种情况：明太祖建国之后，农民的反抗斗争就随之开始，一直到明朝灭亡。什么原因呢？因为阶级关系没有改变，土地问题没有解决。但是由于元末大地主阶级的土地分散的结果，使得在一定的历史时期内，某些地区的阶级斗争有所缓和。在这个基础上才有可能出现以后的郑和下"西洋"的事情。

满洲兴起至入关

钱 穆

满洲民族其先曾建渤海国与金国。

明代分为三部。

一、海西女真，二、建州女真，三、野人女真。唯野人女真居黑龙江流域，距中国最远，朝贡无常。海西、建州则每岁至明朝贡。

满洲族为建州女真，初耕牧于牡丹江、松花江之合流点，而统率于明之建州卫。

嗣其一部又南迁至图们江流域。

其祖先为明将李成梁所杀，事在万历十一年（1583年），张居正卒之翌年。遂与明成仇隙。

时努尔哈赤年二十五，以父遗甲十三副，捕杀仇人尼堪外兰。其时兵数不过五六百人而已。

嗣合并傍近诸部，创后金汗国。事在万历四十四年（1616年）正月。

兴师犯明，宣布告天七大恨，取抚顺。时步骑有二万。事在万历四十六年（1618年）。万历二十年（1592年），日本丰臣秀吉犯朝鲜，明救之，连师七年。万历二十四年（1596年）开矿税，民间大扰。万历二十九年（1601年）太子立。万历四十二年（1614公元）福王赴河南。万历四十三年（1615年）有梃击案，朝臣分党水火。

明四路出兵讨之。事在万历四十七年（1619年）。

杨镐为四路总指挥官，驻沈阳。辽东本有屯军，嘉靖原额过九万，至是逃亡相继，多不能用。明四路兵南自闽、浙，西自陇、蜀，征调几遍全国，共二十万。合朝鲜叶赫兵为二十四万，每路兵六万。

败于萨尔浒。

从抚顺至萨尔浒山可七八十里。中路军杜松先渡浑河，以四万兵营萨尔浒山，以二万攻浑河北之界凡山。努尔哈赤兵八旗，以六旗四万五千人掩击萨尔浒山营，以两旗共万五千人救界凡山。杜松阵亡，明将领死者三百余，兵士死者四万五千余。满洲遂连破诸路兵，灭叶赫。此役明以轻敌分兵冒进而败。又承平既久，军备懈弛，徐光启《庖言》谓："杜松矢集其首，潘宗颜矢中其背。"总镇监督尚无精良之甲胄，何论士卒？

于是有熊廷弼经略辽东之命。事在万历四十七年（1619年）六月。

时辽、沈大震，诸城堡军民尽窜，数百里无人迹，中外谓必无辽。廷弼兼程冒雪，徧阅形势，招流移，缮守具，简士马，肃军令，主固守不浪战，集兵十八万。其上书谓："辽东现有兵四种：一曰残兵，甲死归乙，乙逃归丙，或七八十，或三二百，身无片甲，手无寸械，随营糜饷，不肯出战。二曰额兵，或死于征战，或图厚饷，逃为新兵。三曰募兵，朝投此营，领出官家月粮，即暮投彼营。点册有名，派役忽去其半；领饷有名，闻警忽去其半。四曰援兵，弱军羸马，朽甲钝戈，而事急需人，不暇发还。将则死降之余，新败胆怯；马则既多瘦损，军士又多杀马，图充步兵以免出战；器械则坚甲利刃，长枪火器，丧失俱尽。"

徐氏《庖言》谓："奴寨北门，铁匠居之，专治铠甲，延袤数里。所带盔甲、面具、臂手，悉皆精铁；马亦如之。我兵盔甲皆荒铁，胸背之外，有同徒袒。贼于五步之内，专射面胁，每发必毙。"此当时两国对垒之形势。

廷弼专务守御备，满洲亦不敢轻出兵。未一年，去任。廷臣忌者劾其不战而去，事在天启元年（1621年）。袁应泰代之，于是遂失辽阳。廷弼严，应泰矫之以宽。会蒙古诸部大饥，入塞乞食，应泰处之辽、沈二城，后遂为变。

应泰死之，金遂迁都辽阳。时沈阳、辽阳辽东七十余城悉降。

明再起熊廷弼，事在天启元年六月。建三方布置策。

广宁为前线，以步骑兵守辽河沿岸。天津及登、莱为后援，以海军冲满洲之南部。熊为经略，驻山海关，节制三方。

时王化贞为广宁巡抚，与熊意见不合。

王主战，熊主守。熊谓守定而后可战。然实权在王，兵部尚书张鸣鹤信之，所请无不允。广宁有兵十四万，而山海关无一卒。

以经、抚不和而影响及于战略。

熊主固守广宁，谓："辽河窄，堡小，不容大兵。驻兵河上，兵分力弱。唯宜置游兵，自辽河至广宁多置烽堠。辽阳距广宁三百六十里，寇至易备。"时方震孺亦言："河广不七十步，不足恃。沿河百六十里，筑城不能，列栅无用。"而化贞谓其怯敌，不守城而守河。

广宁遂陷。事在天启二年（1622年）。熊、王退入关，俱论死。明臣且有专劾熊者。

乃派大学士孙承宗为蓟辽经略使，事在天启二年八月。而以袁崇焕守宁远。

广宁师溃，廷议扼山海镇。崇焕时为兵部主事，单骑出关相形势，返而言曰："与我兵与饷，关外可守。"孙力主其计，遂筑宁远城。自请督师，分戍锦州、大、小凌河、松、杏、右屯诸要害，拓地复二百里。

承宗在关四年修复大城九、堡四十五，练兵十一万，立车营、水营，省度支六十八万，造甲胄、器械、弓矢、炮石、渠答、卤楯之具合数百万，开屯五千顷。满洲亦按兵四载不攻。

高，魏忠贤党。既来，谓关外决不能守，尽撤锦州诸城守具。独宁远孤城。

时后金已都沈阳，事在天启五年（1625年）。乘机西犯，兵十万。为崇焕所败，努尔哈赤负创死。崇焕守城，盖仗葡萄牙巨炮之力。

金太祖第四子皇太极立，是谓太宗。时年三十五。先出兵破朝鲜，时满洲有兵十五万，袁守关外，难遽破，与明通商亦绝，非得朝鲜，无以自给。再攻宁远又败。明人谓之"宁锦大捷"。

明廷又劾罢袁崇焕，以不悦于魏忠贤故。以王之臣代之。复议撤锦州，守宁远。会熹宗崩，毅宗立，魏忠贤伏诛。袁崇焕复起，而其时明内部流寇亦发。

满洲兵以间道入关，下遵化，至通州，遂围北京。其所入隘口，乃蓟、辽总理刘策所辖。袁崇焕受反间下狱死。

崇焕闻警入援。都人骤遭兵，怨谤四起，谓崇焕纵敌。满洲纵间，谓与崇焕有成约，令所获宦官知之，纵去。其人告帝，遂诛崇焕。事在崇祯二年（1629年）。

嗣是满洲陷大凌河，崇祯四年（1631年）。征服察哈尔，崇祯五年（1632年）。得出入往来长城各口而扰山西、直隶。其时始改国号曰清。

又汉奸降附者渐多。

崇祯六年（1633年）有孔有德、耿仲明，乃毛文龙部下，叛据登州，浮海投满洲。两人拥兵当踰万，葡萄牙大炮亦遂输入满洲军。明年，尚可喜降，亦毛部下。毛文龙，明将，据皮岛，在鸭绿江东口。崇祯二年，已跋扈不用命。为袁崇焕所诛。

清势益盛，再四入关。崇祯七年（1634年）、九年（1636年）、十一年（1638年）连入。十一年之役，陷近畿州、县四十八，南陷济南，孙承宗、卢象升皆死之。

洪承畴为蓟辽总督，兵敢降。事在崇祯十五年（1642年）。时洪部下兵十三万。翌年清太宗即死，世祖福临即位，仅六岁也。

流寇陷北京，事在崇祯十七年（1644年）。吴三桂开山海关迎清兵入。

清自努尔哈赤至皇太极，以一小部落两代近三十年，遽得入关破北京，盖有数因：

一、明万历中年以下，政治极端腐败。

二、其先以承平日久，武备废弛，又复轻敌。

三、其后如熊廷弼、袁崇焕、孙承宗等，皆以一人支持边事有余，乃明廷或诛或罢，既不顾惜，又无定策。明廷相传家法，对诛戮臣僚，曾不重视。又信用宦寺，宜其自坏干城。又崇祯朝十七年中，阁臣至四五十易，而犹自云："朕非亡国之君。"盖徒知责下，不知反躬。明诸帝一脉相传如此。

四、因盈廷纷议误事。

泰昌元年（1620年），熊廷弼见黜上疏："今朝堂议论，全不知兵。冬、春之际，敌以冰雪稍缓，哄然言师老财匮，马上促战。及军败，始愀然不敢复言。比臣收拾甫定，而愀然者又复哄然责战矣。疆场事当听疆场吏自为之，何用拾帖括语，徒乱人意，一不从，辄怫然怒哉！"

天启二年与王化贞争事上疏："臣以东西南北所欲杀之人，适逢事机难处之会。诸臣能为封疆容则容之，不能为门户容则去之；何必内借阁臣、外借抚道以相困？"又云："经、抚不和，恃有言官。言官交攻，恃有枢部。枢部佐斗，恃有阁臣。今无望矣。"

崇祯元年（1628年）袁入对，言："以臣之力，守全辽有余，调众口不足。即不以权力掣臣肘，亦能以意见乱臣谋。"又言："恢复之计，不外以辽人守辽土，以辽土养辽人。守为正着，战为奇着，和为旁着。法在渐，不在骤；在实，不在虚。驭边臣但当论成败之大局,不必摘一言一行之微瑕。事任既重,为怨实多,为边臣甚难。中有所危,不得不告。"又其时对流寇常以议抚误兵机,对满洲又因格于廷议,不得言和,遂致亡国。若先和满,一意剿贼,尚可救。

五、汉奸之外附。

孔、耿之去,已挟军队俱降。洪承畴、吴三桂部下,皆御外之精卒,扫数十万人外附,吴三桂宁远兵号五十万。中国何以复守?其后如刘良佐、高杰等军队,陆续降者尚数十、数百万人。

六、流寇之内溃。脏腑既烂,四肢何用?

明清之际的转变,大部分是明代内部的政治问题,说不上民族的衰老。

清朝的衰乱及覆亡

吕思勉

太平天国既亡,捻、回之乱复定,清朝一时号称中兴。的确,遭遇如此大难,而一个皇室,还能维持其政权于不敝的,在历史上亦很少见。然清室的气运,并不能自此好转,仍陵夷衰微以至于覆亡,这又是何故呢?

这是世变为之。从西力东侵以后,中国人所遭遇到的是一个旷古未有的局面,绝非任何旧方法所能对付。孝钦皇后,自亦有其相当的才具,然她的思想是很陈旧的。试看她晚年的言论,还时时流露出道、咸时代人的思想来可知。大约她自入宫以后,就和外边隔绝了,时局的真相如何,她是不得而知的。她的思想,比较所谓"中兴名臣",还要落后许多。当时应付太平天国,应付捻、回,所用的都是旧手段,她是足以应付的。内乱既定之后,要进而发愤自强,以御外患,就非她所能及了。

不但如此,即当时所谓中兴名臣,要应付这时候的时局,也远觉不够。他们不过任事久了,经验丰富些,知道当时的一种迂阔之论不足用,他们亦觉得中国所遭遇的,非复历史上所有的旧局面，但他们所感觉到的，只是军事。因军事而牵及于制造，因制造而牵及于学术，如此而已。后来的人所说的"西人自有其立国之本，非仅在械器之末"，断非这时候的人所能见得到的，这亦无怪其然。

不但如此，在当时中兴诸将中，如其有一个首领，像晋末的宋武帝一般。入据中央，大权在握，而清朝的皇帝，仅保存一个名义，这一个中央政府，又要有生气些。而无如中兴诸将，地丑德齐，没有这样的一个人物。而且他们多数是读书人，既有些顾虑君臣的名义，又有些顾虑身家、名誉，不敢不急流勇退。清朝对于汉人，自然也不敢任之过重。所以当时主持中枢的，都是些智识不足、软弱无力，甚至毫无所知之人。士大夫的风气，在清时本是近于闒茸而好利的。湘军的中坚人物，一时曾以坚贞任事的精神为倡。然少数人的提倡，挽回不过积重的风气来，所以大乱平定未久，而此种精神，即已迅速堕落。官方士习，败坏如故。

在同、光之世，曾产生一批所谓清流。喜唱高调，而于事实茫无所知，几于又蹈宋、明人的覆辙。幸而当时的情势，不容这一种人物发荣滋长，法、越之役，其人有身当其冲而失败的，遂亦销声匿迹了。而士大夫仍成为一奄奄无气的社会。政府和士大夫阶级，其不振既如此，而宫廷之间，又发生了变故。清穆宗（同治帝）虽系孝钦后所生，顾与孝钦不协。立后之时，孝贞、孝钦，各有所主。穆宗顺从了孝贞的意思。孝钦大怒，禁其与后同居。穆宗郁郁，遂为微行，致疾而死。醇亲王奕譞之妻，为孝钦后之妹，孝钦因违众议立其子载湉，是为德宗（即光绪帝）。

年方四岁,两宫再临朝。后孝贞后忽无故而死,孝钦后益无忌惮。宠任宦官,骄淫奢侈,卖官鬻爵,无所不为。德宗亲政之后,颇有意于振作,而为孝钦所扼,母子之间,嫌隙日深,就伏下戊戌政变的根源了。

内政的陵夷如此,外交的情势顾日急。中国历代所谓藩属,本来不过是一个空名,实际上得不到什么利益的。所以论政之家,多以疲民力、勤远略为戒。但到西力东侵以来,情形却不同了。所谓藩属,都是屏蔽于国境之外的,倘使能够保存,敌国的疆域,即不和我国直接,自然无所肆其侵略。所以历来仅有空名的藩属,到这时候,倒确有藩卫的作用了。但以中国外交上的习惯和国家的实力,这时候,如何说得上保存藩属?

于是到19世纪,而朝贡于中国之国,遂悉为列强所吞噬。我们现在先从西面说起:哈萨克和布鲁特,都于公元1840年顷,降伏于俄。布哈尔、基华于1873年,沦为俄国的保护国。浩罕以1876年为俄所灭。巴达克山以1877年受英国保护,乾竺特名为两属,实际上我亦无权过问。于是自葱岭以西朝贡之国尽了。其西南,则哲孟雄,当英、法联军入北京之年,英人即在其境内获得铁路敷设权。缅甸更早在1826年和1851年和英人启衅战败,先后割让阿萨密、阿剌干、地那悉林及白古,沿海菁华之地都尽。安南旧阮失国后,曾介教士乞援于法。后来乘新阮之衰,借暹罗之助复国,仍受封于中国,改号为越南。当越南复国时,法国其实并没给予多大的助力。然法人的势力,却自此而侵入,交涉屡有葛藤。至1874年,法人遂和越南立约,认其为自主之国。我国虽不承认,法国亦置诸不理。甚至新兴的日本,亦于1879

年将自明、清以来受册封于中国的琉球灭掉。重大的交涉,在西北,则有1881年的《伊犁条约》。

当回乱时,伊犁为俄国所据,中国向其交涉,俄人说:不过代中国保守,事定即行交还的。及是,中国派了一个昏聩糊涂的崇厚去,只收回了一个伊犁城,土地割弃既多,别种权利,丧失尤巨。中国将崇厚治罪,改派了曾纪泽,才算把地界多收回了些,别种条件,亦略有改正。然新疆全境,都准无税通商;肃州、吐鲁番,亦准设立领事;西北的门户,自此洞开了。在西南,英国屡求派员自印度经云南入西藏探测,中国不能拒,许之。1857年,英人自印度实行派员入滇,其公使又遣其参赞,自上海至云南迎接。至腾越,为野人所杀。其从印度来的人员,亦被人持械击阻。这件事,云贵总督岑毓英,实有指使的嫌疑,几至酿成重大的交涉。次年,乃在芝罘订立条约:允许滇、缅通商,并开宜昌、芜湖、温州、北海为商埠。许英国派员驻扎重庆,察看商务情形,俟轮船能开抵时,再议开埠事宜。此为西人势力侵入西南之始。

至1882年,而法、越的战事起。我兵初自云南、广西入越的都不利,海军亦败于福州。然后来冯子材有镇南关之捷,乘势恢复谅山。法人是时的情形,亦未能以全力作战,实为我国在外交上可以坚持的一个机会。但亦未能充分利用。其结果于1885年订立条约,承认法国并越,并许在边界上开放两处通商(后订开龙州、蒙自、蛮耗。1895年之约,又订以河口代蛮耗,增开思茅)。英人乘机,于1885年灭缅甸。中国亦只得于其明年立约承认。先是《芝罘条约》中,仍有许英人派员入藏的条款,至是,中国乘机于《缅约》中将此款取消。然及1888年,英、藏又在哲孟雄境内冲突,至1890年,中国和英人订立《藏印条约》,遂承认哲孟雄归英保护。1893年,续议条约,复订开亚东关为商埠,而藏人不肯履行,又伏下将来的祸根。

对外交涉的历次失败,至1894年中、日之战而达于极点。中、日两国,同立国于东方,在历史上的关系,极为深切,当西力东侵之际,本有合作御侮的可能。但这时候,中国人对外情太觉隔阂,一切都不免以猜疑的态度出之,而日方则褊狭性成,专务侵略,自始即不希望和中国合作。中、日的订立条约事在1871年。领判权彼此皆有。进口货物,按照海关税则完纳,税则未定的,则直百抽五,亦彼此所同。内地通商,则明定禁止。在中国当日,未始不想借此为基本,树立一改良条约之基,然未能将此意开诚布公,和日本说明。日本则本不想和中国合作,而自始即打侵略的主意,于是心怀不忿。至1874年,因台湾生番杀害日本漂流的人民,径自派兵前往攻击。1879年,又灭琉球。交涉屡有葛藤,而其时朝鲜适衰微不振,适为日本踏上大陆的第一步,遂成为中、日两国权利冲突的焦点。

1894年,日人预备充足,蓄意挑衅,卒至以兵戎相见。我国战败之后,于其明年,订立《马关条约》。除承认朝鲜自主外,又割台湾和辽东半岛,赔款至二万万两。改订通商条约,悉以中国和泰西各国所定的约章为准,而开辟沙市、重庆、苏州、杭州为商埠,日人得在通商口岸从事于制造,则又是泰西各国所求之历年,而中国不肯允许的。此约既定之后,俄国联合德、法,加以干涉,日人乃加索赔款三千万两,而将辽东还我。因此而引起

1896年的《中俄密约》，中国许俄国将西伯利亚铁路经过黑、吉两省而达到海参崴。当时传闻，俄国还有租借胶州湾的密约，于是引起德国的强占胶州湾而迫我立九十九年租借之约，并获得建造胶济铁路之权。俄人因此而租借旅、大，并许其将东省铁路展筑一支线。英人则租借威海卫，法人又租借广州湾。我国沿海业经经营的军港，就都被占据了。

其在西南：则法国因干涉还辽之事，向我要索报酬。于1895年订立《续议界务商务专条》，云南、两广开矿时，许先和法人商办。越南已成或拟设的铁路，得接至中国境内。并将前此允许英国不割让他国的孟连、江洪的土地，割去一部分。于是英国再向我国要求，于1897年订立《中缅条约附款》。云南铁路允与缅甸连接，而开放三水、梧州和江根墟。外人的势力，侵入西南益深了。

又自俄、德两国，在我国获得铁路敷设权以来，各国亦遂互相争夺。俄人初借比国人出面，获得芦汉铁路的敷设权。英人因此要求津镇、河南到山东、九广、浦信、苏杭甬诸路。俄国则要求山海关以北铁路，由其承造。英国又捷足先得，和中国订定了承造牛庄至北京铁路的合同。英、俄旋自相协议，英认长城以北的铁路归俄承造，俄人则承认长江流域的铁路归英承造。英、德又自行商议，英认山西及自山西展筑一路至江域外，黄河流域的铁路归德，德认长江流域的铁路归英。凡铁路所至之处，开矿之权利亦随之。各国遂沿用分割非洲时的手段，指我国之某处，为属于某国的势力范围，而要求我以条约或宣言承认其地不得割让给别国。于是瓜分之论，盛极一时。而我国人亦于其时警醒了。

自西力东侵，而中国人遭遇到旷古未有的变局。值旷古未有的变局，自必有非常的手段，然后足以应付之此等手段，自非本来执掌政权的阶级所有，然则新机从何处发生呢？其一起自中等阶级，以旧有的文化为根柢的，是为戊戌维新。其二以流传于下级社会中国有的革命思想为渊源，采取西洋文化，而建立成一种方案的，则为辛亥革命。戊戌变法，康有为是其原动力。康有为的学问，是承袭清代经学家今文之学的余绪，而又融合佛学及宋、明理学而成的。（一）因为他能承受今文之学的"非常异义"，所以能和西洋的民主主义接近。（二）因为他能承受宋学家彻底改革的精神，所以他的论治，主于彻底改革，主张设治详密，反对向来"治天下不如安天下，安天下不如与天下安"的苟简放任政策。（三）主张以中坚阶级为政治的重心，则士大夫本该有以天下为己任的大志，有互相团结的精神。宋、明人的讲学颇有此种风概。

入清以来，内鉴于讲学的流弊，外慑于异族的淫威，此等风气，久成过去了。康有为生当清代威力已衰，政令不复有力之时，到处都以讲学为事。他的门下，亦确有一班英多磊落之才。所以康有为的学问及行为，可以说是中国旧文化的复活。他当甲午战前，即已上书言事。到乙未之岁，中、日议和的时候，他又联合入京会试的举人，上书主张迁都续战，因陈变法自强之计。书未得达，和议成后，他立强学会于北京，想联合士大夫，共谋救国。会被封禁，其弟子梁启超走上海，主持《时务报》旬刊，畅论变法自强之义。此报一出，风行海内，而变法维新，遂成为一时的舆论。康有为又上书两次。德占胶州湾时，又入京陈救急

◇ 清朝的衰乱及覆亡

之计。于是康有为共上书五次，只一次得达。德宗阅之，颇以为然。岁戊戌，即1898年，遂擢用有为等以谋变法。

康有为的宗旨，在于大变和速变。大变所以谋全盘的改革，速变则所以应事机而振精神。他以为变法的阻力，都是由于有权力的大臣，欲固其禄位之私，于是劝德宗勿去旧衙门，但设新差使。他以为如此即可减少阻力。但阻碍变法的，固非尽出于保存禄位之私；即以保存禄位论，权已去，利亦终不可保，此固不足以安其心。何况德宗和孝钦后素有嫌隙，德宗又向来无权？于是有戊戌的政变。政变以后，德宗被幽，康有为走海外，立保皇党，以推翻孝钦后，扶德宗亲政相号召。然无拳无勇，复何能为？

而孝钦后以欲捕康、梁不得；欲废德宗，又为公使所反对；迁怒及于外人。其时孝钦后立端郡王载漪之子溥儁为大阿哥，载漪因急欲其子正位。宗戚中亦有附和其事，冀立拥戴之功的。而极陈旧的，"只要中国人齐心，即可将外国人尽行逐去，回复到闭关时代之旧"的思想，尚未尽去。加以下层社会中人，身受教案切肤之痛，益以洋人之强唯在枪炮，而神力可以御枪炮之说，遂至酿成1900年间义和团之乱。亲贵及顽固大臣，因欲加以利用，乃有纵容其在京、津间杀教士，焚教堂，拆铁路，倒电杆，见新物则毁，见用洋货的人则杀的怪剧。并伪造外人的要求条件，以恐吓孝钦后，而迫其与各国同时宣战。意欲于乱中取利，废德宗而立溥儁。其结果，八国联军入京城，德宗及孝钦后走西安。1901年的和约，赔款至四百五十兆。京城通至海口路上的炮台，尽行拆去。且许各国于其通路上驻兵。又划定使馆区域，许

· 253 ·

其自行治理、防守。权利之丧失既多，体面亦可谓丧失净尽了。

是时东南诸督抚，和上海各领事订立互保之约，不奉北京的伪令。虽得将战祸范围缩小，然中央的命令，自此更不行于地方了。而黑龙江将军又贸然与俄人启衅，致东三省尽为俄人所占。各国与中国议和时，俄人说东三省系特别事件，不肯并入和约之中讨论，幸保完整的土地，仍有不免于破碎之势。庚子一役闯出的大祸如此。而孝钦后自回銮以后，排外变而为媚外；前此之力阻变革者，至此则变为貌行新政，以敷衍国民。宫廷之中，骄奢淫逸，朝廷之上，昏庸泄沓如故。清政府至此，遂无可维持，而中国国民，乃不得不自起而谋政治的解决。

19世纪之末，瓜分之论，盛极一时。1899年，美国国务卿海约翰氏。乃通牒英、俄、法、德、意、日六国，提出门户开放主义。其内容为（一）各国对于中国所获得的利益范围或租借地域，或他项既得权利，彼此不相干涉。（二）各国范围内各港，对他国入港商品，都遵守中国现行海关税率，课税由中国征收。（三）各国范围内各港，对他国船舶所课入口税，不得较其本国船舶为高。铁路运费亦然。这无非要保全其在条约上既得的权利。既要保全条约上的权利，自然要连带而及于领土保全，因为领土设或变更，既成的条约，在该被变更的领土上，自然无效了。六国都覆牒承认。

然在此时，俄国实为侵略者，迨东三省被占而均势之局寝破。此时英国方有事于南非，无暇顾及东方，乃和德国订约，申明门户开放、领土保全之旨。各国都无异议。唯俄人主张其适用限于英、德的势力范围。英国力持反对。德国和东方关系究竟较浅，就承认俄国人的主张了。于是英国觉得在东方要和俄国相抗，非有更强力的外援不可，乃有 1902 年的英、日同盟。俄国亦联合法国，发表宣言，说如因第三国的侵略或中国的扰乱，两国利益受到侵害时，应当协力防卫。这时候，日本对于我国东北的利害，自然最为关切，然尚未敢贸然与俄国开战，乃有满、韩交换之论。大体上，日本承认俄国在东三省的权利，而俄人承认日本在韩国的权利。而俄人此时甚骄，并此尚不肯承认，其结果，乃有 1904 年的日俄战争。

俄国战败，在美国的朴资茅斯（即今朴茨茅斯），订立和约。俄人放弃在韩国的权利，割库页岛北纬五十度以南之地与日。除租借地外，两国在东三省的军队都撤退，将其地交还中国。在中国承认的条件之下，将旅顺、大连湾转租与日，并将东省铁路支线，自长春以下，让给日本。清廷如何能不承认？乃和日本订立《会议东三省事宜协约》，除承认《朴资茅斯条约》中有关中国的款项外，并在三省开放商埠多处。军用的安奉铁路，许日人改为商用铁路。且许合资开采鸭绿江左岸材木。于是东北交涉的葛藤，纷纷继起，侵略者的资格，在此而不在彼了。

当日俄战争时，英国乘机派兵入藏，达赖出奔。英人和班禅立约，开江孜、噶大克为商埠。非经英国许可，西藏的土地不得租、卖给外国人。铁路、道路、电线、矿产不得许给外国或外国人。一切入款、银钱、货物，不得抵押给外国或外国人。一切事情，都不受外国干涉。亦不许外国派官驻扎和驻兵。中国得报大惊，然与英人交涉无效，不得已，乃于 1906 年，订立《英藏续约》，承认《英藏条约》为附约，但声明所谓外国或外国人者，不包括中国或中国人在内而止。

在东北方面,中国拟借英款敷设新法铁路,日人指为南满铁路的平行线。(东省铁路支线,俄人让给日本的,日人改其名为南满路。)中国不得已作罢,但要求建造锦齐铁路时,日不反对。中国因欲借英、美的款项,将锦齐铁路延长至爱珲(即今瑷珲)。日人又唆使俄人出而反抗。于是美国人有满洲铁路中立的提议。其办法:系由各国共同借款给中国,由中国将东三省铁路赎回。在借款未还清前,由各国共同管理,禁止政治上、军事上的使用。议既出,日、俄两国均提出抗议。这时候,因英、美两国欲伸张势力于东北而无所成,其结果反促成日、俄的联合。两国因此订立协约,声明维持满洲现状,现状被迫时,彼此互相商议。据说此约别有密约,俄国承认日本并韩,而日本承认俄国在蒙、新方面的行动。此约立于1910年。果然,日本于其年即并韩,而俄人对蒙、新方面,亦于其明年提出强硬的要求,且用迫胁中国承认了。

外力的冯陵,实为清季国民最关心的事项。清朝对于疆土的侵削,权利的丧失,既皆熟视而无可如何,且有许多自作孽的事情,以引进外力的深入。国民对于清政府,遂更无希望,且觉难于容忍。在庚子以前,还希冀清朝变法图强的,至庚子以后,则更无此念,激烈的主张革命,平和的也主张立宪,所要改革的,不是政务而是政体了。

革命的领导者孙中山先生,是生于中国的南部,能承袭明季以来的民族革命思想,且能接受西方的民治主义的。他当1885年,即已决定颠覆清朝,创建民国。1892年在澳门立兴中会。其后漫游欧、美，复决定兼采民生主义，而三民主义，于是完成。自1892年以来，孙中山屡举革命之帜。其时所利用的武力，主要的为会党，次之则想运动防军。然防军思想多腐败，会党的思想和组织力亦嫌其不足用，是以屡举而无成。

自戊戌政变以后，新机大启，中国人士赴外国留学者渐多，以地近费省之故，到日本去的尤多。以对朝政的失望，革命、立宪之论，盛极一时。1905年，中山先生乃赴日本，将兴中会改组为同盟会。革命团体至此，始有中流以上的人士参加。中山先生说："我至此，才希望革命之事，可以及身见其有成。"中流以上的人士，直接行动的能力，虽似不如下层社会，然因其素居领导的地位，在宣传方面的力量，却和下层社会中人，相去不可以道里计，革命的思潮，不久就弥漫全国了。

素主保皇的康有为，在此时，则仍主张君主立宪。其弟子梁启超，是历年办报，在言论界最有权威的。初主革命，后亦改从其师的主张，在所办的《新民丛报》内，发挥其意见，和同盟会所出的《民报》，互相辩论，于是立宪、革命成为政治上的两大潮流。因对于清朝的失望，即内外臣工中，亦有主张立宪的。日、俄战争而后，利用日以立宪而胜，俄以专制而败为口实，其议论一时尤盛。清朝这时候，自己是并无主张的。于是于1906年下诏预备立宪。俟数年后，察看情形，以定实行的期限。人民仍不满足。1908年，下诏定实行立宪之期为九年。

这一年冬天，德宗和孝钦后相继而死。德宗弟醇亲王载沣之子溥仪立。年幼，载沣摄政，性甚昏庸。其弟载洵、载涛则恣意妄为。居政府首席的庆亲王奕劻，则老耄而好贿，政局更形黑暗。人民屡请即行立宪，不许。1910年，号称为国会预备的资政院，亦以为请，乃勉许缩短期限，于三年后设立国会。然以当时的政局，眼见得即使召集国会，亦无改善的希望，人民仍觉得灰心短气。而又因铁路国有问题，和人民大起冲突。

此时的新军，其知识已非旧时军队之比；其纪律和战斗力自亦远较会党为强。因革命党人的热心运动，多有赞成革命的。1911年10月10日，即旧历辛亥八月十九日，革命军起事于武昌。清朝本无与立，在无事时，亲贵虽欲专权，至危急时，仍不得不起用袁世凯。袁世凯亦非有诚意扶持清朝的，清人力尽势穷，遂不得不于其明年即中华民国元年二月十二日退位。

沦陷了二百六十八年的中华，至此光复；且将数千年来的君主专制政体，一举而加以颠覆。自五口通商，我国民感觉时局的严重，奋起而图改革，至此不过七十年，而有如此的大成就，其成功，亦不可谓之不速了。

清代部族政权下之考试制度

钱　穆

再说到清代的考试制度。若说考试制度是一种愚民政策，清代是当之无愧的。晚清末年，邹容在《革命军》书里说：

满洲人在中国，不过十八行省中最小一部分；而其官于朝者，则以最小部分敌十八行省而有余。今试以京官满汉缺额观之：自大学士、侍郎、尚书满汉二缺平列外，如内阁，则满学士六，汉学士四。满蒙侍读学士六，汉侍读学士二。满侍读十二，汉侍读二。满蒙中书九十四，汉中书三十。

又如，六部衙门，则满郎中、员外、主事缺额约四百名；吏部三十余，户部百余，礼部三十余，兵部四十，刑部七十余，工部八十余。其余各部堂主事皆满人，无一汉人。而汉郎中、员外、主事缺额不过一百六十二名。每季《缙绅录》中，于职官总目下，只标出汉郎中、员外、主事若干人，而浑满缺于不言，殆有不能明示天下之隐衷。是六部满缺司员，视汉缺司员而三倍。笔帖式尚不在此数。而各省府、道实缺，又多由六部司员外放。

何怪满人之为道、府者布满国中。若理藩院衙门，则自尚书、侍郎迄主事、司库，皆满人任之，无一汉人错其间。其余掌院学士、宗人府、都察院、通政司、大理寺、太常寺、太仆寺、光禄寺、鸿胪寺、国子监、銮仪衙门诸缺额，未暇细数。要之满缺多于汉缺，无一得附平等之义者。

　　邹容这一番话，真描出了清代部族政权之实相。中国考试制度之用意，本在开放政权，选拔真才，来分配于政府各部门。现在清代的部族政权，既绝无意于把政权开放，则考试只成为羁縻牢笼之一术。换言之，只让汉人们也尝到一些甜头，开放政权之一角落，作为一种妥协之条件而止。邹容也说：

　　至于科举清要之选，虽汉人居十之七八，然主事则多额外，翰林则益清贫。补缺难于登天，开坊类于超海。不过设法虚縻之，戢其异心。又多设各省主考、学政及州、县教育等职，俾以无用之人治无用之事而已。即幸而亿万人中，有竟登至大学士、尚书、侍郎之位者，又皆头白齿落，垂老气尽，分余沥于满人之手。然定例，汉人必由翰林出身，始堪一拜；而满人则无论出身如何，均能资兼文武，位裁将相。其中盖有深意存焉。

　　邹容这一说法，已说尽了考试制度在部族政权下所能占之地位。试问汉、唐、宋、明历代的选举与考试，是否也在刘姓政权、李姓政权等之余沥下，许这辈选举与考试的合格人酌量分尝其一杯羹的呢？

　　纵使汉、唐、宋、明诸朝，也各有宗室、外戚、宦官等擅权用事的糊涂账；然此只是一时的人事腐败，却非制度本身上有此一分别。可见每一制度，不当专就此制度之本身论，而该就此制度与政府其余各项制度之相互关系中来看此制度所能发生之功效与其实际的影响。因此元、清两代部族政权下之考试制度，绝不该与中国传统政治下之考试制度同类相视。这已不须再分说。

在邹容以前，如道咸时代龚自珍诸人，也已早看到满族政权之居心。只因那时尚不许汉人们公开抨击，因此如龚自珍辈，只有连带指摘中国历史上历代的考试制度，说它仅是皇帝私心，在羁縻玩弄。这在我们知人论世，究该是分别论之的。

民族丧失二十年的光阴

蒋廷黻

鸦片战争失败的根本理由是我们的落伍。我们的军器和军队是中古的军队,我们的政府是中古的政府,我们的人民,连士大夫阶级在内,是中古的人民。我们虽拼命抵抗终归失败,那是自然的,逃不脱的。从民族的历史看,鸦片战争的军事失败还不是民族致命伤。失败以后还不明了失败的理由,力图改革,那才是民族的致命伤。

倘使同治、光绪年间的改革移到道光、咸丰年间,我们的近代化就要比日本早二十年。远东的近代史就要完全变更面目。可惜道光、咸丰年间的人没有领受军事失败的教训,战后与战前完全一样,麻木不仁,妄自尊大。直到咸丰末年,英、法联军攻进了北京,然后有少数人觉悟了,知道非学西洋不可。所以我们说,中华民族丧失了二十年的宝贵光阴。

为什么道光年间的中国人不在鸦片战争以后就开始维新呢?此中缘故虽极复杂,但是值得我们研究。第一,中国人的守旧性太重。中国文化有了这几千年的历史,根深蒂固,要国人承认有改革的必要，那是不容易的。第二，中国文化是士大夫阶级的生命线。文化的摇动，就是士大夫饭碗的摇动。我们一实行新政，科举出身的先生们就有失业的危险，难怪他们要反对。第三，中国士大夫阶级（知识阶级和官僚阶级）最缺乏独立的、大无畏的精神。无论在哪个时代，总有少数人看事较远较清，但是他们怕清议的指摘，默而不言，林则徐就是个好例子。

林则徐实在有两个，一个是士大夫心目中的林则徐，一个是真正的林则徐。前一个林则徐是主剿的，他是百战百胜的。他所用的方法都是中国的古法。可惜奸臣琦善受了英人的贿赂，把他驱逐了。英人未去林之前，不敢在广东战；既去林之后，当然就开战。所以士大夫想，中国的失败不是因为中国的古法不行，是因为奸臣误国。当时的士大夫得了这样的一种印象，也是很自然的。林的奏章充满了他的自信心，可惜自道光二十年（1840年）夏天定海失守以后，林没有得到机会与英国比武，难怪中国人不服输。

真的林则徐是慢慢地觉悟了的。他到了广东以后，就知道中国军器不如西洋，所以他竭力买外国炮，买外国船，同时他派人翻译外国所办的刊物。他把在广东所搜集的材料，给了魏默深（即清代启蒙思想家、政治家、文学家魏源，默深是他的字。编者注）。魏源后来把这些材料编入《海国图志》。这部书提倡以夷制夷，并且以夷器制夷。后来日本的文人把这部书译成日文，促进了日本的维新。林虽有这种觉悟，他怕清议的指摘，不敢公开地提倡。清廷把他谪戍伊犁，他在途中曾致书友人说：

彼之大炮远及十里内外，若我炮不能及彼，彼炮先已及我，是器不良也。彼之放炮如内地之放排枪，连声不断。我放一炮后，须辗转移时，再放一炮，是技不熟也。求其良且熟焉，亦无他深巧耳。不此之务，既远调百万貔貅，恐只供临敌之一哄。况逆船朝南暮北，惟水师始能尾追，岸兵能顷刻移动否？盖内地将弁兵丁虽不乏久历戎行之人，而皆睹面接仗。似此之相距十里八里，彼此不见面而接仗者，未之前闻。徐尝谓剿匪八字要言，器良技熟，胆壮心齐是已。第一要大炮得用，今此一物置之不讲，真令岳、韩束手，奈何奈何！

　　这是他的私函，道光二十二年（1842年）九月写的。他请他的朋友不要给别人看。换句话说，真的林则徐，他不要别人知道。难怪他后来虽又做陕甘总督和云贵总督，他总不肯公开提倡改革。他让主持清议的士大夫睡在梦中，他让国家日趋衰弱，而不肯牺牲自己的名誉去与时人奋斗。林文忠无疑是中国旧文化最好的产品。他尚以为自己的名誉比国事重要，别人更不必说了。士大夫阶级既不服输，他们当然不主张改革。

　　主张抚夷的琦善、耆英诸人虽把中外强弱的悬殊看清楚了，而且公开地宣传了，但是士大夫阶级不信他们，而且他们无自信心，对民族亦无信心，只听其自然，不图振作，不图改革。我们不责备他们，因为他们是不足责的。